AMAL'EZULU

The African Treasury Series, published from the 1940s onwards, consists of works written by pioneers of South African literature in African languages. It has provided a voice for the voiceless and celebrated African culture, history and heritage. The reissue of these foundational texts with new introductions supports ongoing efforts to highlight the importance of writing in indigenous languages, and to remember and celebrate these early giants of African literature.

These reissued texts maintain the orthographic and typesetting fidelity of the original editions published by Wits University Press. New introductions to the texts are included, in the original language and in English.

Several years of concerted effort went into restoring this collection to its rightful place in the canon of African literature. Wits University Press took care to be mindful of the major changes in publishing that have occurred since the works were first published, and undertook several initiatives to reissue these texts. A grant was received from the WiSER Mellon African Digital Humanities project in order to produce the new editions.

Several strong supporters of this project were instrumental in advising, working on and providing the solid basis on which the full print and digital availability of these titles could be completed. It is thanks to the tireless efforts of Nhlanhla Maake, Tuelo Gabonewe, Langa Khumalo, Mike Mahase, Njabulo Manyoni, Sabata Mokae, Fran Saunders, Dumisani Sibiya, Pat Tucker, Mpume Zondi and Karen Press.

AMAL'EZULU

AFRICAN TREASURY SERIES NO. 8

B.W. VILAKAZI

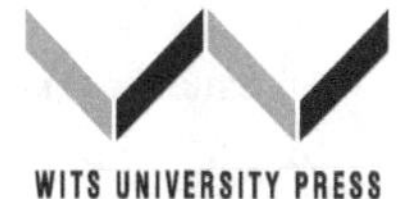

WITS UNIVERSITY PRESS

Published in South Africa by
Wits University Press
1 Jan Smuts Avenue
Johannesburg 2001

www.witspress.co.za

First published by Wits University Press, 1945

Cover photograph courtesy of Museum Africa

978-1-77614-059-6 (Paperback)
978-1-77614-110-4 (Web PDF)
978-1-77614-541-6 (EPUB)

Proofreader and translation of Introduction: Langa Khumalo
Project manager: Fran Saunders and Karen Press
Cover design: Hybrid Creative
Typeset in 10.5 point Plantin

Okuphakathi

Isingeniso

Mpume Zondi

Iqoqo lesibili likaBenedict Wallet Vilakazi elithi, *Amal'ezulu,* lashicilelwa okokuqala ngonyaka we-1945 ngabashicileli base-University of the Witwatersrand Press eGoli. Ngowe-1954, 1960, 1962 nowe-1970 leli qoqo laligaywa kabusha ngabashicileli abafanayo kusetshenziswa imithetho emisha yokubhalwa kolimi. Ushicilelo lwakamuva lwale ncwadi lwaphuma ngowe-1980. Leli qoqo lezinkondlo lalibaluleke kakhulu eminyakeni elishumi ngemuva kokuba efikile uVilakazi eGoli ngemuva kokushiya kwakhe isifundazwe adabuka kuso, iKwaZulu-Natali (nokwakuyiNatali ngaleso sikhathi). Isikhathi seminyaka elishumi phakathi kwencwadi *Inkondlo kaZulu,* okuyiqoqo likaVilakazi lokuqala elashicilelwa ngowe-1935, kanye naleli qoqo yisikhathi lapho impilo yakhe yayigcwele ukungqubuzana kwangaphakathi nokudideka. Nokho, wazuza iqhuzu eliphezulu kwezemfundo ephakeme ngenkathi eba ngumuntu ompisholo wokuqala waseNingizimu Afrika ukuthola iziqu zobuDokotela kwezeMibhalo (DLitt) emibhalweni yesiZulu ngowe-1946. *Inkondlo kaZulu* kanye n*Amal'ezulu* akumele zibhekwe njengezincwadi ezizimele ngazodwana; womabili la maqoqo adingida izindikimba ezisabalulekile nanamuhla, futhi kunokuxhumana okubalulekile phakathi kwawo.

UVilakazi wazalwa ngowe-1906 eGroutville, eStanger (manje osekuthiwa kuKwaDukuza), waphothula amabanga aphansi esikoleni sesonto sendawo kanti wayelusa nezinkomo zakwabo uma sekuphume isikole. KwaDukuza kuyibanga elicela kumakhilomitha angamashumi ayisikhombisa nanhlanu uma ubheka enyakatho usuka edolobheni iTheku, futhi kuseduze nesigodlo seSilo sakwaZulu sodumo lokubumba isizwe, uShaka kaSenzangakhona. Umlando ocebile wale ndawo, kuhlanganisa nezindawo ezigudle ulwandle, wanikeza uVilakazi umcebo wamasiko akwaZulu nezithombe-magama, ulwazi olujulile lwalokhu lwalubalulekile emibhalweni yakhe – ikakhulukazi izinkondlo zakhe – lapho ayelusebenzisa khona lolu lwazi njengamasu obunkondlo.

Kungumkhuba ojwayelekile kwabaNsundu ukuthi izingane zethiwe ngamagama akhomba izigameko ezinkulu ezenzeke ngezikhathi zokuzalwa kwazo. Nangesikhathi sokuzalwa kukaVilakazi, iNkosi uBhambatha wesizwe sakwaZondi bude buduze noMgungundlovana wahola impi eyayiphikisana nomthetho wezifika-namthwalo owawuphoqa ukuthi kukhokhelwe amakhanda (bheka i-*South African History Online* n.d.), nabazali bakaVilakazi, uMshini noLeah, bametha ngelikaBhambatha kaMshini ukuqopha isigameko sonyaka wokuzalwa kwakhe okwakungowempi kaBhambatha. Wabe esebhabhadiswa ngelikaBenedict Wallet ngemuva kokuthi umndeni wakhe uzibandakanye nenkonzo yamaRoma Akhatholika. Nokho ngenxa yokudaza kukanina inkani, wakwazi ukusigcina isibongo sakhe uVilakazi.

Ngesikhathi sempi kaBhambatha, amabutho athatha izikhali ephikisana nokwethulwa kwentela yokuthelela amakhanda kwabesilisa (ukhandampondo) okwakuhloswe ngayo ukukhipha amadoda emakhaya awo ukuze ayosebenza ezindweni ezikude nasemakhaya. Lolu hlelo lokuyofuna umsebenzi kude lwalungathandeki ngokudonsela amadoda ohlelweni lomnotho lwaseNtshonalanga nolusaqhubeka kuze kube nanamuhla. Lolu hlelo lugcizelela kakhulu ukuxhashazwa kwabasebenzi abaNsundu ngokubaphathisa okwezigqila, ukubakhokhela ubala, nokubasebenzisa kanye nokubahlalisa ngaphansi kwezimo ezingagwinyisi mathe. Ngenxa yokuqaliswa kwezimboni kanye nokushiya amakhaya bayosebenza kude, ikhaya ngokwesintu lavele lahlakazeka okwangempela. Nakuba le mbedumehlwana ingaphumelelanga, isibindi seNkosi uBhambhatha kaMancinza nokuzama kwakhe ukuvimba abesizwe sakhe ekusebenzeni njengezigqila ukuze bakwazi ukukhokha ukhandampondo, kwaba yimpi eyabe isiqhutshwa nguVilakazi, kodwa eseyiqhuba ngepeni esikhundleni sempi ehloma ngezikhali. Imiphumela emibi yohlelo lokusebenza kude namakhaya kanye nokuxhashazwa kwezisebenzi kudingidwa enkondlweni ethi, '*Ezinkomponi*', okuyinkomba yokuthi uVilakazi wayephikisana nokucwasa ezinkondlweni zakhe (bheka uZondi 2011). Le nkondlo edumile, ikhala ngosizo esimeni sokukhula kwezimboni okwenzeka kube kubulala abantu, ukugujwa kwegolide nemali ngokubhidliza lokhu okungubuntu nokuphilelwa ngabantu – nombono ongenakufinyeleleka wenjabulo yesikhathi esizayo.

Iziqephu ezingezansi eziphuma enkondlweni ethi '*Ezinkomponi*' zikhombisa le ndikimba ebalulekile yale nkondlo, ikhonjiswe njengokuphawula mayelana nendlela imishini yasezimayini esebenzisana ngayo ukugqilaza abavukuzi abamnyama basezimayini. Ngokucacileyo, lezi ziqephu zikhombisa imiphumela enganambitheki yokuqubuka kwezimboni, izimo ezichemile zokusebenza kanye nempilo yomndeni ehlakazekayo:

> Ngizwile kuthiwa emgodini
> Kuy' izizwe ngezizwe zikaMnyama.
> ...
> Ngizwile kuthiwa kwakhala
> Imishini kwavela mbib' emnyama.
> Emqondweni wayo kuhlwile khuhle
> Yabanjwa yaphendulw' imvukuzane,
> Yavukuz'umhlabathi ngabon' igoli.
> ....
> Sivumile ukuphum' eqhugwaneni,
> Sazoluswa njengezinkabi;
> Buphelile ubunumzane, singabafana.
> ....
> Ngathi ngiyagoduka nemithwalo
> Ngashayw' amahlanga namanxiwa
> Ngenway' ikhanda ngisangene
> Ngabuz'umkami nabakhwekazi,
> Bangitshel'umlung' engimsebenzelayo.

Ekhumbula ukungenwa kwakhe wugqozi lokuhaya noma ubumbongi, enkondlweni yakhe ethi *'Ugqozi'*, okaVilakazi uzibiza ngoMancinza, okuyisithakazelo sakwaZondi. Ngaleyo ndlela uzibona esondelene noBhambatha kaMancinza, futhi uzibona engowakhona ngqo esizweni sakwaZondi.

UVilakazi waphothula amabanga aphezulu waphinde wafundela ubuthisha e-St Francis College eMarianhill (bude buduze nasePhayindane). Ngemuva kokuthwasela ubuthisha, wafundisa khona e-St Francis College wadlulela nase-St Mary's Seminary, eXobho. Ngonyaka we-1934 wathola iziqu ze-Bachelor of Arts eNyuvesi YaseNingizimu Afrika, waqhubeka nokufunda ngeposi wagcina ethole ezobuDokotela (DLitt) ngowe-1946.

EseseGoli okaVilakazi wathola imfundo yaseNtshonalanga ngenkathi eqashwa njengomsizi wabafundi eMnyango Wezifundo ZaBantu (manje osekuwuMnyango Wezilimi Zesintu) eNyuvesi yaseWitwatersrand. Imiqingo esekulondolozweni ikhombisa ukuthi isizathu sokuthi wayengaqashwa njengolekshara ngokugcwele yingoba wayemnyama ngebala; abanye abazali abamhlophe – nohulumeni uqobo – babephikisana nenhloko yomnyango, uSolwazi C.M. Doke, ukuthi iqashe umuntu omnyama ukuthi afundise abafundi abamhlophe (Ntshangase 1995). UVilakazi waphinde wabhekana namaqiniso ababayo ngokuphila ezimbonini eGoli; lezi zihloko zigqama kakhulu ezinkondlweni zakhe. Kafushane, *Amal'ezulu* aveza impilo yakhe edolobheni elikhulu laseGoli, ikakhulukazi ukuhlupheka kwabasenzi abamnyama.

Ngakho ukuphinda sivakashele imisebenzi kaBenedict Wallet Vilakazi kusinikeza ithuba lokucabanga sijule ngokubaluleka nangomnyombo wemfundo, ikakhulukazi esimweni lapho kunomkhankaso wokuguqula uhlelo lwezifundo ezikhungweni zemfundo ephakeme kanye nesifundo sokuletha izinguquko kulo mkhakha. Umsebenzi wakhe wonkana uyadinga ukuphinda uhlaziywe njengendlela yokuphendula eminye yemibuzo mayelana nohlelo lwezemfundo olukhona njengamanje. Eminyakeni eyishumi nambili eyandulela ukwedlula kwakhe emhlabeni kungalindelekile ngomhla zingama-26 kuMfumfu we-1947 eneminyaka engamashumi amane nanye, uVilakazi waba namagalelo amakhulu kakhulu ekuthuthukisweni kwezilimi zeSintu kanye nemibhalo ngokuphonsa kwakhe amanoveli amathathu kanye namqoqo amabili ezinkondlo, ucwaningo lwemastazi kanye nolobudokotela. Waphinde wasebenzisana noSolwazi C.M. Doke ekuhlanganiseni isichazamazwi sesiNgisi nesiZulu esashicilelwa engasekho emhlabeni ngowe-1948. Umcwaningi uDumisani

Ntshangase uyakugcizelela ukuthi 'akekho omunye umuntu ezilimini zeSintu nemibhalo eNingizimu Afrika oke wazuza lokhu okwazuzwa nguVilakazi' (Ntshangase 1995: 1).

Izigi zakhe zisezwakala ngisho namanje, njengoba noSibusiso Nyembezi efakaza ukuthi 'abanye babalobi bezinkondlo zesiZulu, ukwenza nje isibonelo, babonela kuVilakazi; abazami nje kuphela ukulandela isitayela kodwa futhi basebenzisa namazwi akhe nokwenza ukuthi inkondlo ephuma lapho ivele ifane nje nenye yezinkondlo zikaVilakazi' (Nyembezi 1973: 28). Impilo yakhe nemisebenzi yakhe akubhaliwe ngayo kakhulu noma ngokugculisayo. Eqinisweni, umsebenzi wakhe ubekwa eceleni uma kukhulunywa ngomlando wezingqalabutho zabaMnyama. Lokhu kungase kuchazwe ngokuthi ucwaningo olwalwenziwa ngesikhathi sokuphila kwakhe lwalwenziwa ngesiNgisi. Ngenxa yalokhu uHerbert Dhlomo, enye yezingwazi ezazikanye nanye, uyagqanyiswa (bheka uDhlomo 1925, 1933). Ngokuhambisana nezincomo zephepha LoMnyango Wemfundo Ephakeme Nokuqeqeshwa okuthiwa yi-'*White Paper for Post-School Education and Training*' (DHET 2014) kanye ne-*National Development Plan* (2011), okusekela ukuthuthukiswa kwezilimi zeSintu ezazishaywe indiva ngaphambilini, umsebenzi kaVilakazi eqinisweni kuswelekile ukuthi ubekwe eqhulwini kule ntuthuko ngenxa yeqhaza lakhe lesiZulu ekuthuthukiseni imfundo kuleli zinga.

Eqoqweni elithi *Amal'ezulu*, uVilakazi uyakhombisa ukuthi akayona imfundamakhwela yembongi, kodwa uyingqungqulu yezinkondlo nemibhalo – leli yiqiniso elivunywa ngabahlaziyi bemibhalo abaningi abavelele, nangokuqokwa komsebenzi wakhe njengomunye ohamba phambili wezincwadi eziyikhulu ezidla ubhedu eziphuma ezwenikazi lase-Afrika kukhulunyaka lamashumi amabili (Columbia University Libraries 2021). Kuleli qoqo okaMphephethe akakhombisi ukukhathazeka kwakhe ngendlela abavukuzi abamnyama bephathwa ngayo ezimayini kodwa uphinde akhombise nokuxhashazwa kwakhe nokufunda kwakhe kanzima 'ngekhandlela' kugcine kungamletheli imivuzo emfanele ngakwezezimali. Ukukhathazeka kwakhe kuyavela enkondlweni yakhe ethi, 'Imfundo ephakeme', lapho echaza indlela abukelwa ngayo phansi nokubonwa engelutho, naphezu kokuzama kwakhe ukwenza ngcono ngokusebenza ngokuzikhandla. Kodwa-ke, ngokusebenzisa izinkondlo zakhe, uVilakazi wayekwazi ukukhulumela abantu abamnyama abacindezelekile. Enkondlweni ethi, 'Wo, ngitshele mntanomlungu' ukusho ngokungananazi ukuthi:

Isikhumba sami siyangiceba
Ulimi lwami lona luhle
Noma abanye bethi luyangehlisa
Ngibulewe ngalo ngiding' ukwelashwa

Ukuqhakambisa imithelela yegalelo likaVilakazi ekuthuthikiseni izilimi zendabuko kanye nemibhalo sekwedlulelwe yisikhathi – ikakhulukazi njengoba umlando wemibhalo eSifundeni esiseNingizimu ne-Afrika, njengoba uThengani Ngwenya (1998: 127) ekubalula, ukhomba ukuthi 'ngezizathu zombusazwe nemiqondo ababhali abamnyama bakhishwa inyumbazana uma beqhathaniswa nababhali baseNingizimu Afrika ababhala ngesiNgisi'. UVilakazi ukufanele ukubekwa eqhulwini ezingqungqulwini zababhali baseSifundeni esiseNingizimu ne-Afrika. Kubalulekile ukuthi sibheke ngokuhlolisisa amathiyori olwazi nemikhakha yezemfundo enze kwaba nemigodi nezisele ekwakhiweni kwezinhlelo zemfundo. Sidinga ukuthi sixukuze imiqondo ngalokho esikwamukela ngaphandle kokuthandabuza njengokwenza imibhalo 'engasoze yabuna'.

Nakuba uVilakazi ekhombisa ukuzigqaja ngamasiko akhe, kodwa akawuthathi umlando wesizwe sakhe njengongenalucofi. Uzwakalisa izikhalo zabacindezelekile okungabantu abaningi abamnyama njengengxenye yobizo lwakhe lokukhanyiseleka ngemikhakha yomibili yempilo. Le ngqikithi evela kuwo womabili abaqoqo ezinkondlo, igqama enkondlweni ethi, 'Woza nonjinjikazi'. Le nkondlo ikhala ngokuthi ukusebenza kanzima kwamadoda amnyama ezimayini kwehlulekile ukwenza ngcono impilo yawo. Kule nkondlo imbongi ihaya ithi:

Shona langa lemihla yonke.
Wen'owanqab'ukukhanyisa
Kithina sizwe sikaMnyama
Imfihlo yomtapo weGoli
Engilibone licebisa
Izizwe nezinhla zomhlaba
Thina bakaMnyama sibuka
Sikhex'izindebe ezinkulu

Izingqinamba uVilakazi abezidingida engxenyeni yokuqala yekhulunyaka lamshumi amabili zisekhona nasempilweni yanamuhla. Ukuphepha kwabavukuzi abamnyama ezimayini kusengenye yezinto ezisekhona, uma sibheka imibiko yezingozi evamise ukuvela ezindabeni. Nangemuva kweminyaka engamashumi ayisikhombisa, izinto eziphathekayo zikhombisa ukuthi izinkondlo zikaVilakazi zibalulekile futhi zikhombisa ukuthi wayengumbhali obuka izinto ngeso elibanzi futhi wayesiqonda isimo sabantu abadla imbuya ngothi, kanye nemithelela yezimboni nokushiya kwabantu amakhaya beyosebenza emadolobheni amakhulu nokuyinto eyagcina icoboshisa imindeni kwabokudabuka. Impilo yakhe ikufanele ukubhalwa ngayo nokubhekwa kabusha. Impela yayiqinisile inyosi yenkosi uDingane ngenkathi imethuka ithi, 'Zofa izinsizwa kosal' izibongo'. Nakuba iqhawe lakoVilakazi lalendulela elimagade eshongololo eminyakeni engamashumi ayisikhombisa nantathu eyedlule, imisebenzi yakhe iletha ithemba esizweni futhi izoqhubeka ukwenza lokho ezinye izizukulwane ezizayo. Imisebenzi yakhe yenze okungaphezulu kokudingida ukuxhashazwa kwabantu kodwa yabheka ukuhlalisana, ezombusazwe, ezomnotho namasiko nezingqinamba zokukhula kwezimboni kanye nezinguquko emiphakathini enokucwasana ngebala.

Imithombo

Columbia University Libraries. 2021. *Africa's 100 Best Books of the 20th Century.* Accessed 21 February 2021, https://library.columbia.edu/libraries/global/virtual-libraries/african_studies/books.html.

DHET (Department of Higher Education and Training). 2014. 'White Paper for Post-School Education and Training: Building on Expanded, Effective and Integrated Post-School Education'. Accessed 20 January 2021, https://www.gov.za/documents/white-paper-post-school-education-and-training-building-expanded-effective-and-integrated.

Dhlomo, Herbert Isaac Ernest. 1925. 'The Struggle for Existence'. *Ilanga LaseNatal*, 27 March. Accessed 16 April 2021, http://pzacad.pitzer.edu/nam/newafrre/writers/zir.shtml.

Dhlomo, Herbert Isaac Ernest. 1933. 'African Dramatists Should Fear Being Stigmatised as Imitators'. *Bantu World*, 21 October. Accessed 16 April 2021, http://pzacad.pitzer.edu/nam/newafrre/writers/zir.shtml.

Doke, Clement Martyn and Vilakazi, Benedict Wallet. 1949. *Zulu–English Dictionary*. Johannesburg: University of the Witwatersrand Press.

National Planning Commission. 2011. *National Development Plan*. Pretoria: National Planning Commission.

Ngwenya, Thengani H. 1998. 'The Poet as Inspired Prophet'. *Alternation* 5(2): 127–146.

Ntshangase, Dumisani. 1995. 'Between the Lion and the Devil: The Life of B.W. Vilakazi 1906–1947'. Paper presented in the African Studies Institute Seminar Series, University of the Witwatersrand, 21 August.

Nyembezi, Cyril Lincoln Sibusiso. 1973. 'Benedict Wallet Vilakazi: A Biographical Note'. In *Zulu Horizons*. Rendered into English verse by Florence Louie Friedman. Johannesburg: Witwatersrand University Press.

South African History Online. n.d. *Events leading to Bambatha Rebellion*. Accessed 30 March 2018, www.sahistory.org.za/article/event-leading-bambatha-rebellion.

Vilakazi, Benedict Wallet. 1935. *Inkondlo kaZulu*. Johannesburg: University of the Witwatersrand Press.

Vilakazi, Benedict Wallet. 1945. *Amal'ezulu*. Johannesburg: University of the Witwatersrand Press.

Introduction

Mpume Zondi
Translated by Langa Khumalo
Translations of B.W. Vilakazi's poems by Mpume Zondi

Benedict Wallet Vilakazi's second poetry collection, *Amal'ezulu,* was first published in 1945 by University of the Witwatersrand Press in Johannesburg. In 1954, 1960, 1962 and 1970 the collection was updated by the same publisher with new orthographies. The last updated version appeared in 1980. This collection is particularly significant since it was published a decade after Vilakazi had settled in Johannesburg following his departure from the province of his birth, KwaZulu-Natal (then Natal). The ten-year period between *Inkondlo kaZulu,* Vilakazi's first collection published in 1935, and this volume was a period in which his social life was characterised by internal conflicts and bewilderment. Nonetheless, he achieved remarkable and pioneering milestones in higher education when he became the first black South African to graduate as a Doctor of Literature (DLitt) in isiZulu literature in 1946. *Inkondlo kaZulu* and *Amal'ezulu* should not be viewed in isolation; both collections address issues that are still relevant today, and there are significant connections between them.

Born in 1906 in Groutville, Stanger (now known as KwaDukuza), Vilakazi completed his primary education at a local mission school while herding the family's cattle after school hours. KwaDukuza is approximately seventy-five kilometres north of the coastal city of Durban, and close to the nineteenth-century headquarters of the famous Zulu king, Shaka ka Senzangakhona. The rich history of the place, together with its coastal scenery, provided Vilakazi with access to Zulu culture and images, intimate knowledge of which became useful in his works - especially his poetry - in which he would employ this knowledge in the form of literary devices.

A common practice in African families is for children to be given names that signify major events which occurred at the time of their birth. At the time of Vilakazi's birth, Chief Bhambatha of the Zondi clan near Greytown was the leader of a rebellion that tried to resist colonialist destruction of the indigenous African homestead economy (South African History Online n.d.), and Vilakazi's parents, Mshini and Leah, named him Bhambatha ka Mshini in recognition of what became known as the Bhambatha rebellion. He was baptised with the names Benedict Wallet after the family converted to Roman Catholicism; at his mother's insistence, he kept the family name of Vilakazi.

In the Bhambatha rebellion, the rebels took up arms against the male poll tax system aimed at dislocating men from their homes in rural areas and forcing them into a migrant labour system. This system was notorious for drawing men into a Western industrial economy that remains in place to this day. The system relies on the exploitation of indigenous African labour by subjecting its victims to servitude, paying them a pittance, and imposing appalling work and living conditions on them. As a result of industrialisation and the migrant labour system, the indigenous family unit was totally destroyed. Even though the rebellion was unsuccessful, Chief Bhambatha's bravery in attempting to stop his people from supplying cheap labour in order to pay the poll tax would, at a later stage, influence Vilakazi to continue the battle, albeit with a pen instead of a military arsenal. The dire effects of the migrant labour system and exploitation of workers are expressed in '*Ezinkomponi*' ('On the Mine Compounds'), the epitome of Vilakazi's protest poetry (see Zondi 2011). This famous poem, a cry for help in the face of destructive industrial advancement as ever-present 'drama', pits the values of gold and money against that which is fully human and worth living for - the possibly unachievable vision of future happiness and fulfilment.

The extracts from '*Ezinkomponi*' quoted below illustrate this central theme of the poem, expressed in comments on how the mine machines and mine moghuls work together to oppress black miners, thereby succinctly depicting the devastating effects of industrialisation, unfair labour conditions and crumbling family life:

Ngizwile kuthiwa emgodini
Kuy' izizwe ngezizwe zikaMnyama.
...
Ngizwile kuthiwa kwakhala
Imishini kwavela mbib' emnyama.
Emqondweni wayo kuhlwile khuhle
Yabanjwa yaphendulw' imvukuzane,
Yavukuz'umhlabathi ngabon' igoli.

. . . .
Sivumile ukuphum' eqhugwaneni,
Sazoluswa njengezinkabi;
Buphelile ubunumzane, singabafana.
. . . .
Ngathi ngiyagoduka nemithwalo
Ngashayw' amahlanga namanxiwa
Ngenway' ikhanda ngisangene
Ngabuz'umkami nabakhwekazi,
Bangitshel'umlung' engimsebenzelayo.

(I heard that in the mines
It is black nations who go there
. . .
I heard that when the sounds of the
    machines called
A black mouse appeared.
In its mind it was pitch dark
It was caught and turned into a mole,
It dug the ground and I saw gold.
. . . .
We agreed to leave our traditional
    grassthatched huts,
And came to be herded like animals;
Our role as heads of family is no more, we
    are now [treated like] boys.
. . . .
When I headed home with [my] baggage
I discovered that the place was deserted
Confused, I scratched my head

And asked where my wife and mother-
in-law were,
They directed me [for answers] to the
white man I work for.)

Remembering his initiation into becoming an *imbongi* or traditional bard, Vilakazi, in the poem '*Ugqozi*' ('Power of Inspiration'), refers to himself as Mancinza, which is one of the Zondi clan names, *izithakazelo.* In this way he lays claim to the kinship of Bhambatha, and thus perceives himself as rightfully belonging to a Zondi clan.

Vilakazi completed his secondary schooling and teacher training at St Francis College in Marianhill (near Pinetown). After qualifying as a teacher, he taught at St Francis College and later at St Mary's Seminary, Ixopo. In 1934 he earned a bachelor of arts degree from the University of South Africa, and he continued with his studies on a part-time basis to achieve the DLitt degree in 1946.

In Johannesburg Vilakazi came into contact with Western education when he was appointed as a tutor in the Bantu Studies Department (now the Department of African Languages) at the University of the Witwatersrand. The archives show that the only reason he was not appointed as a full lecturer was because he was black; some white parents – and the state – objected to the head of the department, Professor C.M. Doke, appointing a black man to lecture to white students (Ntshangase 1995). Vilakazi also encountered the realities of industrialisation in Johannesburg; both of these topics are prominent in his poetry. In essence, *Amal'ezulu* depicts his experiences in the 'city of gold', in particular the struggles of black workers.

Revisiting the poetry of Benedict Wallet Vilakazi thus affords us some perspective for thinking through issues of utility and meaning, especially in the context of calls to decolonise the curricula of higher education and the resultant need to transform this sector. The body of his work is worth reconsidering as part of a response to current curricular concerns. In the twelve years prior to his untimely death on 26 October 1947 at the age of forty-one, Vilakazi made an enormous contribution to the development of African languages and literatures through three novels and two anthologies of poetry, a master of arts degree and a doctoral thesis. He also collaborated with Professor C.M. Doke on the compilation of an English–Zulu dictionary which was published posthumously in 1948. Dumisani Ntshangase maintains that 'no other person in African languages and literature in South Africa has been able to achieve what Vilakazi did' (Ntshangase 1995: 1).

His impact is still felt today, as attested to by Sibusiso Nyembezi, who maintains that 'some writers of Zulu poetry, for example, have taken Vilakazi as their model; but not only do they try to emulate his style, they even employ his expressions so that the end product is just another poem by Vilakazi' (Nyembezi 1973: 28). Neither his life nor his work is well documented. In fact, his work has always been relegated to the periphery of African intellectual history (Ntshangase 1995). This bias might be explained by the fact that academic discourse by his contemporaries was conducted in English. In this regard Herbert Dhlomo, his main 'rival', could be singled out (see Dhlomo 1925, 1933). In line with the recommendations of the Department of Higher Education and Training's 'White Paper for Post-School Education and Training' (DHET 2014) and the *National Development Plan* (National Planning Commission 2011), which support the development of African languages that were previously marginalised, Vilakazi's work should in fact be placed at the centre of this development because of his contributions in isiZulu to the academic project.

In *Amal'ezulu*, Vilakazi proves that he is no longer a budding poet, but an icon of isiZulu poetry and literature - a reality reflected in the numerous reviews of his work by prominent scholars, and in the selection of this work as one of the top one hundred African books of the twentieth century (Columbia University Libraries 2021). In this collection he not only expresses his frustration with how black miners are treated, but also reflects on his own experiences of inequality when his hard-earned 'candlelight' degrees did not result in corresponding financial rewards. His frustrations are expressed in '*Imfundo ephakeme*' ('Higher education'), a poem in which he describes how, despite numerous attempts at improving himself professionally, he still felt reduced to something less than his achievements. However, through his poetry, he could be a spokesperson for the oppressed black masses. In the poem '*Wo, ngitshele mntanomlungu*' ('Tell Me, White Man's Child') he proudly proclaims:

> Isikhumba sami siyangiceba
> Ulimi lwami lona luhle
> Noma abanye bethi luyangehlisa
> Ngibulewe ngalo ngiding' ukwelashwa
>
> (My skin condemns me
> My language is beautiful
> Even though others say it degrades me
> I am bewitched, I need to be cured)

Recognition of the impact of Vilakazi's contribution to the scholarly project in African languages and literature is long overdue – especially since Southern African literary historiography has, as Thengani Ngwenya (1998: 127) points out, 'for socio-political and ideological reasons relegated black writers to a marginal position in relation to the English-dominated South African literary establishment'. Vilakazi deserves a central position in the Southern African literary canon. It is crucial that we begin to critically question the theories of knowledge and discourses of domination that have created blind spots in respect to how education is structured. We need to actively unshackle ourselves from the often unquestioned acceptance of what constitutes 'a classic'.

While expressing pride in his cultural heritage, Vilakazi does not romanticise an African past. He articulates the suppressed voices of the underprivileged black masses as part of his calling to cross ethnic boundaries. This sentiment, which is foregrounded in both his poetry collections, is vividly illustrated in '*Woza nonjinjikazi*' ('Come, Monster of Steel'). The poem laments the fact that black men's hard labour in the mines failed to improve their livelihoods. The speaker in the poem says:

> Shona langa lemihla yonke.
> Wen'owanqab'ukukhanyisa

Kithina sizwe sikaMnyama
Imfihlo yomtapo weGoli
Engilibone licebisa
Izizwe nezinhla zomhlaba
Thina bakaMyama sibuka
Sikhex'izindebe ezinkulu

(O set, you daily sun.
You who refused to bring light
To us, the black nation.
The hidden mysteries of the caves of gold
Which I see bestowing wealth
On nations everywhere on earth,
While we black people watch,
Our thick lips gaping)

The issues Vilakazi addressed in the first half of the twentieth century remain relevant today. The safety of black miners is one such issue, considering the disaster reports that often form part of the news. Seventy years on, material realities attest to the significance of Vilakazi's poems and underpin the fact that he was a visionary writer who understood the plight of the poor, and the effects of industrialisation and the migrant labour system which totally destroyed indigenous family units. His 'classic' status deserves better profiling and better attention. The apt indigenous Zulu adage, '*Zofa izinsizwa kosal' izibongo*', means 'men will die but their surnames remain'. Even though Vilakazi died seventy-three years ago, his legendary deeds bring hope to the nation and will continue to do so for generations to come. His work went beyond ordinary depictions of injustice and revealed the social, political, economic and cultural interdependencies and complexities of industrialisation and transformation in a society replete with racial biases.

References

Columbia University Libraries. 2021. *Africa's 100 Best Books of the 20th Century*. Accessed 21 February 2021, https://library.columbia.edu/libraries/global/virtual-libraries/african_studies/books.html.

DHET (Department of Higher Education and Training). 2014. 'White Paper for Post-School Education and Training: Building on Expanded, Effective and Integrated Post-School Education'. Accessed 20 January 2021, https://www.gov.za/documents/white-paper-post-school-education-and-training-building-expanded-effective-and-integrated.

Dhlomo, Herbert Isaac Ernest. 1925. 'The Struggle for Existence'. *Ilanga LaseNatal*, 27 March. Accessed 16 April 2021, http://pzacad.pitzer.edu/nam/newafrre/writers/zir.shtml.

Dhlomo, Herbert Isaac Ernest. 1933. 'African Dramatists Should Fear Being Stigmatised as

Imitators'. *Bantu World*, 21 October. Accessed 16 April 2021, http://pzacad.pitzer.edu/nam/newafrre/writers/zir.shtml.

Doke, Clement Martyn and Vilakazi, Benedict Wallet. 1949. *Zulu-English Dictionary*. Johannesburg: University of the Witwatersrand Press.

National Planning Commission. 2011. *National Development Plan*. Pretoria: National Planning Commission.

Ngwenya, Thengani H. 1998. 'The Poet as Inspired Prophet'. *Alternation* 5(2): 127-146.

Ntshangase, Dumisani. 1995. 'Between the Lion and the Devil: The Life of B.W. Vilakazi 1906–1947'. Paper presented in the African Studies Institute Seminar Series, University of the Witwatersrand, 21 August.

Nyembezi, Cyril Lincoln Sibusiso. 1973. 'Benedict Wallet Vilakazi: A Biographical Note'. In *Zulu Horizons*. Rendered into English verse by Florence Louie Friedman. Johannesburg: Witwatersrand University Press.

South African History Online. n.d. *Events Leading to Bambatha Rebellion*. Accessed 30 March 2018, www.sahistory.org.za/article/event-leading-bambatha-rebellion.

Vilakazi, Benedict Wallet. 1935. *Inkondlo kaZulu*. Johannesburg: University of the Witwatersrand Press.

Vilakazi, Benedict Wallet. 1945. *Amal'ezulu*. Johannesburg: University of the Witwatersrand Press.

1

Ugqozi

Emasangweni akwaDukuza,
Emzin' omkhulu kaNdaba,
Ngem' othangweni ngakhuleka,
Ngakhuleka laze layoshona.
Kwaqhamuka insila yenkosi,

Yangiyal' ukuba ngilinde.
Kwangen' emakhalen' am' iphunga,
Kwakhany' engqondweni yam' efiphele.
Kwafika kim' uMnkabayi emuhle,
Wangithatha phansi wangiphonsa phezulu.
Ngabon' umlindi-masango evula,

Ngangena ngishwaben' ulimi,
Ngahlala ngaphakathi kwakho Dukuza.
Angikwazang' ukubonga
    njengobabamkhulu,
Ukudabuka nezinhlungu angikuzwanga.
Ngenaba ngazicabanga ngiyinkosi;
Ngalala, ngaphupha ngeny' imini

Ngingaphandle kwamasango kaDukuza.
Ngamfun' uMnkabayi ngangambona;

Ngawabuk' amasango ngawabona,
Ngawabon' evaliwe noDukuz' esefile.
Lwagcwal' umlom' ulimi lwami;
Ngathi ngiyakhuluma ngayisimungulu,
Kanti sengintshontsh' amandl' ezimbongi.

Namhla kangikwaz' ukuthula noma
Lapho ngilele ngikwesikaBhadakazi,
Ngivuswa nguMnkabayi ethi kimi:
"Vuka wena kaMancinza!
Kawuzalelwanga ukulal' ubuthongo.
Vuk' ubong' indaba yemikhonto!
Nank' umthwal' engakwethwesa wona."

2

Imbongi

Olukaban' ulim' olukhuluma
Lunyakazise imithambo
Yezinhliziyo neyamakhanda
Ezilwane nemithi nenhlabathi;
Okhulumela kude naseduze,
Kodwa kuvele kufane;
Okhuluma ngivuka nanxa ngilele,
Nokho ngivele ngimuzwe?

Olwembong' ebongel' abangekho,
Nelembong' ebongela ngisezwa.
Ngizw' ikhuluma phans' entshonalanga
Laph' imililw' ebomv' iqhamuka khona,
Nalapho kungephuzela khona
Amalangab' omnyama nokwesaba,
Nalapho kuphuma khon' uqwembe
Lwembes' umhlaba ngezinkanyezi
Eziqakamba ngivuke ngigozobale.

Mbong' ubong' umhlab' usakhasa,
Wakhula won' umhlaba wema,
Wadlubulunda ngaphambili,
Kodwa wena Mbongi walikoza

Ngokubonile nokuzayo,
Ubikez' abaphansi bamathongo
Abakuthume ngolimi,
Thina sikhuluma ngekhubalo.

Konje ngabe yim' engikhulumayo,
Noma ngabe nguwe Thongo likaMbongi?
Ngabe ngizwe kahle noma
    ngiyahlongozelwa?
Ngingakazalwa umhlaba wawungenandlela;
Ungaziwa, ungaqondakali, ngawubamba.
Ngizwe umemeza, Mbongi, phambi kwami,
Wangihola ngodondolo ngin-
    gaboni, ngabona.
Ngidedele ngibonge, ngivul' indlela nami
kwaMhlaba.

3

Umthandazo Wembongi

O, Dloz' elisezulwini,
Wena Lukhoz' olubuthise
Amaphiko emafini!
Ufihlen' emphefumulweni
Wesintu, olukhipha
Ngekhono lamathalente
Ezimbongi zemibala
Yomhlaba nezulu,
Lapho zihay' izibongo,
Zishukumbisa ingoma,
Zishaya ngemiqangala
Engiyizwe ifihlwe
Ezicakafini zabeLungu
Beshay' imishini yabo?
Zingifak' umona,
Ngishishimezwe ubunjonjo.
We, maNyanda kaZulu!
Vusa nakithina,
Sizwe sikaSobantu,
Esiyimisebenzi, yezandla zakho,

Izingcwet' eziphilel' inhlokomo
Yomphefumulo neminjunju yenyama:
Zibamb' iminyibe yezulu namafu,
NjengoShubethi noBithovini noPinsuti.

4

OKomhlaba Kuyadlula

Shay' ingoma we Mamlambo!
Shay' ingoma yemilambo
Emnandi kodw' ingakulethi
Ukuthokoza kwemizimba!
Kuphel' igcwalis' izinkamba
Zamehl' abukayo, nendlebe
Ethul' ilalele ngomunyu.

Huba we Nomkhubulwane,
Hub' ingoma yezilwane!
Inyon' eyodw' ikhala endle,
Ihlwelw' ifikelwe ngumnyama,
Ishay' ubala ngezimpiko,
Ingazi laph' iqonde khona.
Unjal' umphefumulo wami.

Shay' ihlombe we Ncazane
Likhaliphe ngenhlokazane!
Ngoba nezandla ziyathamba,
Zithi ziyaphakama ziwe
Laph' uNokuf' esefikile,
Exegisa yonk' imithambo,
Nehlombe licim' okomlilo.

Giya nawe Ntonjambili
Naphakathi kwamabili!
Ngoba nesikhova somnyama
Sinjengedlozi lakwaMhlaba,
Sibik' ingoz' iseza kude,
Sibik' uthand' oluvuthayo,
Lungaze luficwe ngukoma.

Nami ngisin' okwengwazi
Kusin' amakhwazikhwazi.
Nginogqozi lugidizela
Njengezinyawo zamabutho
Edlul' egibel' injomane,
Izigi zilokhu ziyile,
Zicisha ziyoshabalala.

Yin' impilo yomuntu, we Muntu?
Ayinjengamahlamv' emith' eluhlaza?
Njengephupho olizw' ulele, ulalele,
Kodw' uvuke selishabalele njengomoya,
Kodwa kusale unandi lokuphupha,
Nenkumbulo yobuthongo bukuzume phansi,
Nokuvakashel' ezweni lamathongo, phansi
kwaButhongo.

5

Imfundo Ephakeme

Uma ngibheda ngangicabanga
Ngithi ngiyothol' ukujabula
Uma ngigogodana nencwadi,
Ngiqaq' amafind' abhaliweyo,
Ngiwachaza njengoba ngibona.
Namhla ngizwa kuqaqamb' ikhanda.

Sengachith' isikhath' esiningi
Ngiphendulana namaqabunga
Ezincwad' ezibhalwe ngumLungu,
Ngihlezi ngedw' ubusuku bonke,
Kuze kucish' ukuphum' ilanga.
Namhla ngiqaqanjelwa ngamehlo.

Ngavakash' izimbong' ezimnyama
Zihay' imiqondo yamakhosi,
Nezinye zibong' utshwal' emsamo.
Ngafak' ukuhlakanipha kwazo,
Ngakudiya nokwezabamhlophe,
Namhla zixaben' ekhanda lami.

Ongaqondi lutho ngalezi zinto,
Nozilalel' ubusuku bonke

Engafundi lutho kuze kuse,
Engamaz' uSiza noSisero,
NoShaka noNgqika noMshweshwe,
Namhl' uyathokoza ngenhliziyo.

Esakhula nabo bangafunda,
Ngihlangana nabo bangeyise.
Ngithi lapho ngishay' unobhanqa,
Bona baqhamuke ngezimoto,
Bathuquz' uthuli bangishiye.
Namhla banjengamakhos' omhlaba.

Ngibe ngisathe nginokuyeka,
Ngicosh' imvuthuluk' esemikhondweni
Yawontanga yeth' abami kahle,
Ngifumane ngisakhulekiwe
Yizona zisinga zokufunda.
Ubumina buyangigqilaza.

Namhla ngicabanga ngesikhathi
Lapho sesigugile saphela,
Ngiphuthaz' ezikhwameni zami,
Ngizwa ziqhubushile izincwadi,
Zingilandela noma ngiyaphi.
Ake ngibon' ukuthi zithini!

Ngibon' amagam' esizwe sonke.
Amehl' amadloz' angibhekile;
Amathong' abeke nezihlangu,
Alalele ngaphansi komhlaba,

Athi mangingene ngikhothiswe
Ukhamba ngoba ngingakhohlwanga.

Ngikhothe ngadla ngabek' ethala,
Ngibekel' usapho lwakwaZulu,
Lusale lukhoth' ezincwadini,
Luxabane lodwa luchazana
Nezint' engazibhala ebusuku,
Ngingazange ngizisukele ngibhale,
Ngibeleselwe yinina mathong' ohlanga,
Ningixabanis' ingqond' ebusuku.
Kuleyo nkathi ngiyobe sengafa.

6

Wo, Ngitshele Mntanomlungu!

Wo, ngitshele mntanomlungu!
Ungiletheleni lapha?
Ngingen' amadol' angisinde,
Ngicabang' ikhanda lizule
Ngibona kuhlw' emini,
Ilanga liphenduk' inyanga.

Wo, ngitshele mntanomlungu!
Ngizongenaphi kulezi zindonga?
Obabamkhulu bathi sebefa
Angolala phansi kotshani kwaGuqa,
Lapho ngihuqwa yintuthu nomule,
Ngidl' izinkobe ngithambise ngomlaza.

Wo, ngitshele mntanomlungu!
Ngothi ngiphi bengiphi nginje?
Isikhumba sami siyangiceba,
Ulimi lwami lona luhle
Nom' abanye bethi luyangehlisa.
Ngibulewe ngalo ngiding' ukwelashwa.

Wo, ngitshele mntanomlungu!
Ngilahleke nje ngangiyaphi?
Izindonga zezindlu zinde,
Zishona phans' emhlabathini,
Zikhoth' amafu phezulu.
AmaMboza kwaNodwengu
Akazange akubone lokhu!

Wo, ngitshele mntanomlungu!
Yini yonke len' engiyibonayo?
Izinsika zingangobababamkhulu!
Ngithi lapho ngizibheka
Ngizw' amajuba kwelenyoni
Ekhonyis' okwawomalunda.

Lapho ngibona konke lokhu,
Namhla ngikholwa ngempela
Ngilahlekile, ngizogana.
Isizwe sikaSobantu
Singibophel' inkatha yenkangala,
Sithi: "Thwala, usikhonzele njalo."

7

Yin' Ukwazi?

Ngitshele mngane!
Kuyin' ukwazi?
Ngigqoke kahle,
Ngiphath' induku,
Ngiqwal' umgwaqo,
Ngidl' ezibomvu?

Ngitshele ntanga!
Kuyin' ukwazi?
Ngukuy' esikoleni,
Ngifundane nencwadi!
Ngize ngiphum' impandla
Ngipheny' amaqabunga?

Ngitshele mame!
Kuyin' ukwazi?
Ngukuba yisikhulumi,
Ngibatshazwe yizwe lonke,
Ngichazane nemithetho
Ngingenal' ulwazi lwayo?

Ngitshele baba
Kuyin' ukwazi?

Woza mfana wami
Ngikudons' indlebe:
"Khuluma kancane
Wenze kakhudlwana."

8

Wo, Leli Khehla!

Zinesithunz' izinwele zakho!
Zibik' imigwaqo yeminyaka,
Ziland' inkambo yobudala,
Zingivus' umunyu nomona.
Ngiyazifisa, zingisus' isizungu.
Linenzulu lelokhanda lakho!
Ngibe ngiyafak' ubhoko ngizwa
Ukujula kwalo, ngingagquli phansi.
Naw' ulokhu wathula ungangazi,
Nami kulukhun' ukukusukela
Ngingakwazi, kodwa ngiyakuthanda.

Endlebeni yakho ngibona lapho
Kwahamba khon' uphawu lukaZulu.
Namhl' iziqhaza zokuhloba
Uzikhiphile wazilahla phansi;
Awazi nalapho zasala khona,
Namanxiwa lapho zawa khona.

Emehlwen' akho ngifund' usizi.
Nentshengul' obhema ngayo
Ngiyibon' ikukhiphis' unyembezi

Emehlwen' akho achiphizayo.
Umqondo wakho kawusekho lapha,
Namehl' akho abuka kude.

Kukude ezihlangwini zawoShaka
Phansi ezizibeni zikaDukuza,
Lapho amanzi ezonzobele khona
Ngamakhand' amadoda nemizi yawo:
Nawo asengwevu njengawe phansi.

Njengob' ugqolozele nje, ngiyabona
Ukhuluma nezingengelezi zikaZulu.
Chathazela min' engizobhala phansi
Okuzwayo nokukhulunywayo nokubonwayo
Ezweni lezimpunga nelokhokho.
Ngilangazel' ukuzwa nokuqonda.
Nom' ungangiphenduli nsizw' endala,
Zinesithunzi izinwele zakho,
Ngiyazithanda, zingivus' umona.

9

Ukuhlwa

Sengiyabon' ukuthi sekuhlwile,
Izintaba sezithibe amathunzi,
Ilanga selibomvu njengesibhuda.

Izinkonjane sezicashile,
Nomoya wolwandl' usuthule.
Phezulu ngibon' amalulwane.

Imigwaqo seyikhanyisiwe.
Ngiyesab' izinswelaboya,
Sezalukil' ukuzingela.

Lapha kakukho tshani.
Kukhon' uthuli lwezindunduma
Olushuquka luya phezulu.

Lapha kakukho mfula
Wokucash' izingxangxa,
Kuphume nezizinzi.

Kuphela kuyaphethuzela
Sekubuywa emisebenzini.
Yebo kuyasiqoq' ukuhlwa!

10

Inyanga

Nyanga, muhlekazi womnyama,
Wen' owaditshaniswa nenyanga!
Yathi yon' ithwal' izikhwama,
Yetsheth' izimpondo nemigodla,
Wena wawenyuk' uy' ezulwini.

Wen' omuhle ebusuku
Laph' abanye bemathunz' amzizi,
Uhlangane nabo bakusinde.
Kodwa wena ma uqhamuka,
Kuqin' amadolo ngihambe.

Ngikubonile ngisekhaya
Ungiphumele phezu kwethantala
Lamanz' emisinga yolwandle.
Ngama ngaphuthelwa kuhamba,
Ngakhex' umlomo ngadla ngamehlo.

Obab' omkhulu bakubon' uphuma,
Ugqolozela umhlaba kanje,
Uphuphis' abalel' ubuthongo,
Ufunz' izimbongi ngamazwi,

Ziwaqephuze zikhihliz' amagwebu
Asik' imizwa yomphefumulo kuphela.

Nami ngifunze Nonyezi,
Nyezi wemingcwi yokusa,
Obuhle bakho buqhamuka
Phezu kwamadamu emifula,
Nasohlazeni lotshani bezintaba.

Wen' odud' izithandani
Engizibon' emizin' emikhulu
AbeLung' abayivus' emathanjeni
Abantwana bakaZulu noXhosa
NomSuthu. Ngithi ma nami ngithi
Ngiyaphuma ngidonswa okudonsa
Umunt' ophila enozwelo lwemvelo,
Ngithuke ngikhalelwa zinsimbi.

Ngiphakele nami kuleyo ndebe
Ongiphakela kuyo lapho
Ngikhumbul' ekhaya, ngibon' amahlathi,
Ngibon' izigodi ezimbiwa imichachazo,
Ngizwe ukuduma kolwandle,
Ngibon' ucansi lwamasimu akamoba,
Engiwakhumbula maqede ngibheke
Phezulu, ngikubone uliqand' elimhlophe,
Ngikhothame. Ngabe ngiyakwanga.
Pho!

11

Ukuthula

Uma thina sobabili singahlala lapha,
Sicambalale osebeni lolwandle nogu,
Ehlabathin' elimhloph' eligcwel' ufasimbe,
Lapho kugcwel' ukuthula kom-
hlaba nezulu —
Yiyo le ndaw' eyenza mina ngiqumbelane
Usikisiki lomphefumulo nonembeza.
Le ndaw' egcwel' inhlokomo,
kuyo kubuthene
Konk' okuhle nokuphas' umphef-
umulo wami.
Kuyona ngizw' amazwan'
abantu bekhuluma,
Abant' abahamba ngezinyawo nangomoya,
Abanye bentanta nangaphezulu kwamanzi.
Bayasikhohlisa bathi ngamahlengethwa,
Abanye balokhu benyakazisana nemithi,
Benyakazisana nezindwan' eziluhlaza.
Kuthi nxa siyobuza kuthiwe yiwona moya.
Ngiyabezwa bekhuluma, woza ungizwise.
Ngiyabathanda, bayangit-
handa, woz' uzizwele.

12

Nayaphi?

Bangikhohlisile Mandlakhe,
Bathi mangihlale ngilinde.
Wena kaMakhwatha awuzange
Ubophe uhambe. Wasuka nje
Wanyamalala washiya konke,
Wavakasha noNomasomi.

Ngingen' endlini yakh' ekhaya,
Bathi kad' ulapha khona manje.
Ngay' eMgungundlovu,
Izindlu ngazifica zibomvu.
Kwathul' abantu kwakhuluma
Zona zathi: "Nangu nanguya!"
Ngashona lapha nalaphaya.
Ngathi ngiyokubona khathisimbe
Ulibel' esikolen' usebenza.
Kant' ufun' uNomasomi.

Ngingen' endlini yesikole
Izingane zathi: "Nang' uThisha!"
Kanti zisho ukufana.
Ngaqalaza macala wonke
Ngithi ngizokubona, Mandlakhe.

Ngabuza ezinyangeni,
Zaphenduka zabhekana,
Zangithela ngezinyembezi
Sezililel' uNomasomi.

Ngiphume phandle ngayofuna,
Ngifun' imigwaqo yomuzi,
Ngipheny' uMgungundlovu,
Izicaba nezibuko zawo;
Ngisho neTheku phansi
Emanzini aluhlaza
Lapho wazalwa khona.
Ngifune imini yaze
Yahwaqabala ubusuku.
Kant' uzothath' uNomasomi.

Ngihlale phansi kwemithungulu
Eluhlaz' ecash' izimamba
Ezidl' abantu nezinyoni.
Ngiphons' amehlo phakathi
Olwandl' olumagagasi,
Ngawabon' ejubelana.
Ngagqolozela phakathi,
Ngabona kude nibabili.
Kanti ninoNomasomi.

Ngangithi ngiyothi ngibona
Wena ubuthi qhamu.
Inyanga iphume ngiyibona,
Ngahlunga ngamehlo ngiyibuza.

Yathi ayizange inibone.
Ngakhwic' imikhono ngabuya.
Nenkosikaz' ethwel' izinkuni
Phakath' endilingeni yenyanga,
Ngayiqhweba ngayibuza.
Yangifulathela othulini lonyezi,
Yabhekuza yaya phambili njalo.
Ngathula ngagebis' ikhanda.

Bonke bayangikhohlisa.
Nawe uqobo uyangikhohlisa.
Uyangizuma ngilele,
Ungivakashele kwaButhongo,
Umlethe uNomasomi,
Ngoba waz' ukuthi lapha
Nginjengesiboshwa nesilima.
Uyabuya laph' udlala nami.
Ngithi ngiyavuka gubhubhu,
Ngibamb' umoya oqandayo,
Amehlo ami abamb' ufasimbe.

Uyangikhohlisa Mandlakhe.
Kodwa waphuma wayaphi?
Sengiqothuk' izinyawo
Ngiqabathek' endleleni,
Ngihambe nginifuna.
Kodwa naya ngaphi?
Pho, manje wamthathelani,
Wamebelani uNomasomi?

13

Ngoba ... Sewuthi

Ngoba ngimamatheka njalo,
Ngikhombisa nokwenama,
Ngihlabelela ngephimbo,
Nom' ungifak' emgodini
Ngaphansi kwezinganeko
Zamatsh' aluhlaz' omhlaba —
Sewuthi nginjengensika
Yon' engezwa nabuhlungu.

Ngob' umlomo wam' uhleka,
Namehl' am' ebheke phansi,
Ngifingqe ngabek' idolo,
Nezinwele sezimpofu
Zigcwel' uthuli lomgwaqo,
Ngipheth' ipiki ngesandla,
Neyemb' elingenamhlane —
Sewuthi nginjengedwala
Lon' elingakwaz' ukufa.

Ngoba njalo ngakusihlwa
Sengigumul' iketango
Lomsebenz' onzim' emini,
Ngihlangana nabakithi

Siyogadlela ngendlamu,
Singoma ngamadala
Asikizelis' igazi,
Kuphele nokukhathala —
Sewuthi ngiyisilwane
Esifa kuzalw' esinye.

Ngoba ngiwumngquphane,
Ngibulawa ukungazi,
Ngingaqondi namithetho,
Kodwa ngizwa ingiphanga;
Nendlu yami ngiyibeke
Ngaphansi kweziwa zetshe;
Utshani buyindlu yami,
Isaka liyisivatho —
Sewuthi ngiyisiduli,
Kanginalo nonyembezi
Olucons' enhliziyweni,
Luwel' ezandlen' ezinhle
Zamadloz' abuka konke.

14

Izinsimbi zesonto

Ngizwa izinsimbi zincencetha.
Lezo zinsimbi ngizizwe ngimncane,
Zikhula zingiphekezela
Phansi ezilubeni zolwandle,
Ziqubula kunyazim' amaza,
Zingiguqukele sezicula.
Ukucula kuye kunkenkethe
Phakath' emongweni wenhliziyo.

Lezi zinsimbi zikhala phezu
Kwamazala namalib' akwethu.
Kwethu bekundind' uZul' ebuka,
Ebukana nomtat' ucwebile,
Uyakazel' amanz' aluhlaza,
Uhlaz' olwang' imamba yemithi
Engiyibone ngaqhaqhazela,
Ngathi ngihlomile kanti ngize.

Ngibalekile ngacasha nhlanye,
Ngabon' umhlaba usimbuka wonke.
Kwath' esikhundleni sokushaywa,
Kushaywana namahaw' enkomo,
Ngezwa nina zinsimbi zomLungu,

Enikhale ngaqale nganengwa,
Nganengwa kwafuquza nolaka,
Ngagcwal' umusi ngaze ngabohla,
Ngabohla ngahlala phezu kwetshe.

Leza kim' izwi lenu zinsimbi,
Langigumulis' umutsh' omkhulu,
Langinik' indlu yemilenz' emibili,
Langibhec' emhlane ngamalokwe,
Ngawathatha ngisaphukazela.
Ndabazemkhonto ngikushiyile,
Gudulokubhenywa ngakulahla.

Namhla ngingumngquphane womhlaba.
Nginanto yinye phansi kwelanga;
Amehlo nezindleb' ezimbili;
Kokubili kufunz' inhliziyo.
Lapho ngithi nginokucabanga,
Nomqond' ohlaziy' okubonwayo,
Izenzo zomakhelwane wami
Zichith' ubuntu bemvelo kimi.

Ji! Kuhle ngihlale phansi ngibuke.
Mlungu, wahlule wachith' uZulu!
Ngiyakubon' ukujaja kwakho.
Ngihlekwa nayizindonga zakho,
Zisukum' emhlabathini, Zulu,
Zimi phezu kokuhlakanipha
Kwendumo yolwandle namathongo
Okuthiw' aphethe konk' ukwazi.

Khalani zinsimbi kusemnandi!
Ngizwa izwi lenu libubula,
Libik' umhlab' osuguqukile.
Lingikhumbuza ngenkaba yami,
Lingikhumbuza lapho ngiqome
Khona, ngaqom' eThekwin' olwandle
Ngingentombi yon' eqom' insizwa.
Ngikuvumile Theku ngakuqoma.

Ngikuqome njengoMameyiguda
Beshikish' indlamu eMsizini;
Ngakuqoma njengoShampeyana
Ephehl' umLungu njengobulawu;
Ngakuqoma njengoLuthuli
Ekhanyis' iLanga kwabamnyama;
Ngakuqoma njengomfo kaSamvu
Egogod' ubunyanga bomLungu.

Khalani zinsimbi zabeLungu!
Sebevukil' oMafukuzela,
Bancinz' umqondo womunt' omnyana.
Niyakhala kanivusi bona
Abanishaya benibhekile.
Nivusa thin' esicashe phansi
Kwemizizi yethunzi lomLungu.
Khalani! Kungani zinsimbi!

15

KwaDedangendlale

Ngikhumbule kus' ekhaya
Laph' ilanga liphumela
Phezu kwezintab' ezinde,
Lishone libomv' ezansi
Kuze kusondel' ukuhlwa
Nokuthul' okucwebile,
Laph' uphuma phandl' unuke,
Uhogele ngamakhala,
Uzigqum' umzimba wonke
Ngomoya wolwandl' omanzi.

Ngikhumbule nakwaQwabe
Ezweni lemikhambathi
Elinemivi nameva,
Lapho sigxumeka khona
Amaxhokovan' ezindlu
Sisingethwe yizintaba
Ezinamawa namatshe
Ambozwe yimbingcizane
Eluhlaz' enjengoboya
Bemvan' esanda kuzalwa.

Lapho sigingqika khona,
Sihuba njengemimoya,
Sikhwelana nemimango
Egamanxwe yimifula
Eholob' ibhek' ezansi
Lapho kungabuywa khona —
Bath' abadal' uma besho
KukwaLulwandl' olumnyama
Olugubhayoluveva
Selokhu bavul' amehlo.

Nami ngimile phezulu.
Ngiqoshem' eMkhambathini
Ngabuka phansi ezansi,
Ngabona kuthunq' intuthu,
Ngabuza ngingenalwazi,
Bangihlebel' endlebeni,
Bangikhombisa kusuka
Phezulu koMgungundlovana
Kudwebe kushon' eMhlali
Nangenhla kwaseMgungundlovu.

Ngaqala ngamangala
Ngibon' amasim' amnyama
Ekhihliz' ikhab' ummbila,
Namabel' esevuthiwe,
Amajuba nezintaka
Zitshiloz' emagatsheni
Ziwenanel' ukuvuthwa.
Amehl' am' adonsekela

Phezulu kwezinkangala
Ngibona zikhwel' imingqangu.

Kuzo ngabona kukhwela
Izintokaz' ezimnyama
Zithwele amagobongo
Ziwayekelel' akhanda,
Nemizimb' icwebezela
Ngenxa yokuzicwengela
Zifun' udumo lwesizwe.
Ngemva kwalezi zinkehli
Ngibon' amashob' emile,
Nezihlangu zezinsizwa.
Ngabona nokushelana
Kwezintombi nezinsizwa.
Ngabon' amasok' enqoba,
Ziwakhunga ngobuhlalu.
Ngema ngafikelw' umona,
Ngaziduduza nganxanye.
Lapho ngibheka ngaphansi
Kwemiseng' ebiseduze,
Ngibon' imihlambi emihle
Yezimbuzi neyezimvu.

Phakathi kwayo ngabona
Abelusi beyinqanda,
Bayiqondis' emakhaya.
Ngabheka ngakwaLulwandle,
Ngahlangana nofasimbe,
Ngabethwa ngumoy' omnandi,

Wez' usondela ngemithi,
Ngalalela ngaguquka,
Kant' ilanga lishonile.

Ngabheka phans' emfuleni,
Ngabon' amanz' esekhanya,
Kwangath' asekhanyisiwe.
Kanjal' isithunzi sami
Naso savela phakathi;
Ngazibuka nganeliswa.
Phans' eMlazi noMkhomazi,
Uyovakashela khona
Uzibone lezi zinto.
Ziyokuvul' inhliziyo.

Amanzi ayokukhanya,
Ekhanyisw' izinkanyezi
Zasezulwini emafini.
Um' unenhliziy' egcwele,
Uyohlala phans' ubonge
Amathong' oyihlomkhulu
Akuzalela kwaZulu,
KwaBuhlebungayindawo,
KwaMfulisagcwelamanzi,
KwaTshanibuseluhlaza.

Imikhambathi yakhona
Nasebusik' iyathela,
Kant' imith' iphundlekile,

Kayinamandl' okuvuka.
Yebo, nami ngiyothela
Ngigcwal' amajikijolo,
Ngiyethe njengamasundu
Agcwel' izihlekehleke,
Ngay' inyanga yomkhambathi,
Phansi kwelakithi kwaZulu.

Ngiyokuma ngithi phuhle,
Ngifuzane nezintaba
EzikwaDedangendlale,
Ezinekhambi lobuhle
Engibone lidl' umLungu,
Wahamba wahamba wema,
Wamisa nemoto yakhe,
Waphuma wahlala phansi,
Wakhiph' igudu wabhema,
Wabuka waze wakhala.

Nami kaningi nginjalo,
Ngidakwa yilezi zintaba,
Ngilahleka ngingatholwa,
Ngedukile ngezigodi
Eziqhakaz' izimbali
Zihlanganisil' iphunga
Leminduze namazibu
Aqhakaz' esizibeni,
Ahlobis' amanz' athule
Ecwebe ngohlaz' oluhle.

Ngidakwe ngaphuphutheka
Ngaze ngaficwa yinkungu.
Ngiphakathi namahlathi
Ngahlangana nezimfene,
Zangethusa zingikhuza.
Ngalalela kud' ongoqo
Banikezelan' igama
Abalicula ngokuhlwa.
Ngezwa kuvuka nezinye
Izilwane nezinyoni.

Ngabon' uzavol' engikha,
Ngasengel' abantabakhe.
Ngalala phansi kwenyanga
Ngibelethwe ngumhlabathi;
Isiphuku kungutshani,
Ngacamel' esiqundwini.
Ngashayana nengqimphothwe
Ngibukel' izinkanyezi
Ziphuma zishon' ezansi,
Nomthal' uguquka nezwe.

Ngiph' indaw' enjengalena
Wena Thongo likababa,
Lapho ngiyoba namandla,
Ngiqoq' umqondo kaZulu,
Ngiwuvalel' embizeni.
Ngihay' amahub' enkondlo
UShak' ayihay' enqoba,
Eqa kwaDedangendlale,

Ay' agqule ngoKhahlamba,
Adl' uLangalibalele.

Ngikhumbuze ngobuZulu
Engibubona oThukela.
Ngiwel' eNdondakusuka,
Nakhona ngibhince bona.
Ngelul' amehlo phesheya,
Nalapho ngibon' ubuhle.
Sengathi ngabe ngideda,
Ngendlale ngiziphumuze
Phansi kwesundu nomunga,
Ngikhulume namathongo.

Nina mathongo nilapha,
Ningimema ngaseNtshangwe,
Ningikhombisa kwaBhota.
Nasezweni lamaQadi
Ngabon' uMafukuzela.
Wath' ephefumula ngadla,
Ngathi ngesuthi ngahlala.
Ngezwa ngoDedangendlale,
Ngaqalaz' eNtshonalanga,
Ngakhumbula kud' ekhaya.

16

Imifula Yomhlaba

Nans' imifula ngiyibona
Ihlakalele phambi kwami,
Inezinyawo njengabantu,
Ishay' uhel' ibhek' olwandle.
Ngiyayibuka ngiyihlola
Ukugwegwesa nokuqonda
Kway' ihamb' ingemi ndawo.
Ngiyihlolil' ekujuleni,
Ngazimelela ngodondolo
Olud' olubazwe ngenduku,
Ngayizwa laph' ingasashoni,
Sekuqhamuk' isihlabathi.

Kodwana mina nginowami
Owangivelela ngiqala
Ukuphum' emzini kababa,
Ngiyozakhel' umuzi wami.
Lo mful' ungilandel' iphupho
Elingifikela ngilele,
Lingihlebele onk' amashwa,
Lingixoxele namaphutha,
Lingiholel' ezithebeni
Zezinambathi namabele,

Linginik' umkhonto wokufa
Engiwuphonsa ungabuyi.

Ngiwuphonsa kubahlakazi
Bophahla lwendlu yamathongo,
AwoMakhwatha namaGovu.
KwaNdongaziyadum' eGoli
Bangene bezinyikinyela,
Kanti sebengen' ogageni.
Bahambe bethi bayaphila,
Kanti sekuhamb' imimoya;
Bawe ngokuwa bangavuki.
Ngiwubone lo mful' uhamba
Ubawahlela ngegagasi
Lomnyam' abazithele ngawo.

La ngiqabuk' ebuthongweni,
Nginyathela phezu kwekhanda
Labendl' echamisel' izitha,
Ngikhul' amaphik' anamandla,
Ngizizwe ngifana nokhozi,
Sengindize ngabon' uMvoti
Oza neHlimbithw' eMthandeni,
Unqum' uQwab' eMakhovane
Laph' uBhambatha kaMancinza
Wawuncel' amanzi ngobhaqa,
Washaya wacashel' umLungu,
Waye wabanjwa phans' eNkandla.

Ngithe ngikulandel' olwandle
Ngakhangw' amanzi adungekile.
Ngawaland' umkhondo ngafika
Ngabon' amakhand' amadoda
Ekhanden' okwesivivane.
Ngaguqa ngedolo ngabuka;
Ngabe ngiyathe kwathi khuhle.
Ngaqalaz' umphansi nomzansi,
Kodw' iso labon' ithantala
Lamanz' aluhlaza ehuba,
Nezwe lifukum' amahlathi
Amnyam' acinen' ugagane.

Ngase nginqamanq' uThukela
Olungawelwa ngazinyawo,
Luwelwa ngekhanda lendoda.
Kulo kwacwil' amankengane
Amhloph' avel' eNtshonalanga
Enezintshebe nemihanga.
Kwacwil' amnyama namabheshu,
Kwasal' izinjob' emsingeni,
Zatholwa ziléng' emhlangeni.
Sazikhomba ngeminwe zonke,
Kanti-k' uLangalibalele
NoZwide wasemaNdwandweni.

Ngikhuphuke ngamanz' omfula,
Ngezwa kusinw' eNingizimu,

Ngezwa ngoShaka kwaDukuza,
Ngezwa ngoShak' uMlambongwenya,
Ngambukel' ekwaBulawayo,
Namanz' oThukel' abukela.
Ngabhek' eNyakath' oPhongolo,
Lwafike lwangiphic' ikhanda
Ngokugobhoz' eNtshonalanga.
Ngem' eziqongwen' oBombo,
Ngaphezu kwaseMdedeleku,
Ngakhangwa yiSangqu ezansi.

Naso sibhek' eNtshonalanga,
Siwelwa pheshey' izindlovu
Ezigitshelwa ngamaLawu
Nezizwan' ezikhath' ibovu.
Ngicashe ngemigwenya ngema
Laph' othekwane bezibuka
Bengaphazanyiswa yilutho.
Ngabon' izigqimbazanyana
Zipheth' ulim' oluyimpithi,
Zangicashela zatshobela
Emigedeni phansi kwewa,
Ngakhwel' emthini ngaphumula.

Lingibuyele futh' iphupho,
Langinyenyezel' endlebeni,
Langenyula phansi kwengubo,
Langikhombisa oLithiwa
Behalazela phezu kwezwe
Bebeleth' isizukulwane

Sezizwe zonke zikaMhlophe,
Zigeza ngamanz' eSangqu,
Ziphaqul' izinsila zazo.
Safika thina bakaMnyama,
Sawuthatha wonke lo mnyama,
Wakhungela phezu kwekhanda.

Yonke le miful' iyanyelela,
Idlul' amanxiw' amadala.
Nezife namasim' ommbila
Asaz' aphenduk' amafusi.
Nezimvula zamb' amageba;
Kulezo ndawo sekwakhula
Imbuya nezinhlomantethe.
Noma kunjalo le mifula
Iyanyonyoba ngezindlela
Ezigandaywe ngehlabathi
Elihuluka liy' olwandle,
Lingene lingephind' emuva.

Yimiful' emikhulu lena,
UThukela nal' uPhongolo.
NoMzimkhul' ufulathelene
NeSangqu sigobhozela
NgaseThalant' eNtshonalanga.
Kinina mifula ngibone
Amanz' eklwel' ephendl' igazi.
Ngabuka ngancinciz' ikhanda;
Ngabuka imifanekiso
Yawobabamkhulu befa

Bemanangananga yinhlamvu,
Bengomothel' emahawini.

Ngiyibonile le mifula,
Ngadavuz' ezihlabathini
Ngima ngihabul' amanzi.
Ngime ngithi khimilili,
Kududuz' inhliziyo yami,
Ngiyizw' indlalek' ucansi
Ngokwethab' okunenjabulo.
Ngiya phambili nginodude,
Ngikhab' amanzi ngezinyawo
Ehlakazek' amaconsana.
Ngingenamandl' okuwabala,
Nganeliswa ngubuhle bawo.

Neminye nginay' imifula
Engiyizw' emphefumulweni,
Ngiyicabanga emphefumulweni,
Ngiyicabanga ngiyifunda
Njengamanz' aseTemusi
Agijim' imikhumb' emide
Ekhonyisa njengemikhomo
Izula phakathi nolwandle
Ikhwif' amanzi emakhaleni.
Kanjalo ngibon' izinyoni
Ezingogilonci zintwela
Zigobis' izintam' ezinde,
Zihlobe ngamaphik' amhlophe.

Phakath' enhliziyweni yami
Ngibuk' umfula wemihlola
Ophakathi kwelamaNdiya,
Uqhum' emkhathini wentaba
Elujingejinge lomqongo
Olubizwa ngeHimalaya.
Esizalweni salo mfula
Ngibon' izigog' eziningi
Zizozibik' emadlozini.
Zingikhumbuz' elakithi
Emzini kaGilawoti
Njalo 'ma kuqal' unyaka.

Njalo ngiye ngiphindele
Emfuleni wemicabango,
Ngibon' iNayel' eGibhithe.
Ngiyibonela kud' iphuma
Emkhathini wezibilini
Zezwe lama-Afrik' amnyama,
Lapho kwadabukel' igoda,
Zahlukan' ungiyohlukana.
Zididiyel' eNingizimu
Wanengwa wazifulathela,
Walubangisa eNyakatho,
Wabusis' abaseTopiya.

Ungidid' umqondo ngema,
Ngaqalaz' amacala onke,
Ngaye ngabona phans' eKhongo.

Ngathungath' umkhondo wendlela,
Ngaye ngabon' emachibini
Abantwana bakaNanana,
EKhilimanjalo neNyanza,
NeThanganyika naseKhivu.
Ngehla ngidonswa ngumkhondo
Ngaze ngashayeka kwaZomba,
Ngabon' amanz' eseguquka
Aqonda ngaseMpumalanga.
Ngafuna ngabon' iZambezi.
Ngezw' indaba kaManukuza
Ogwazwe nguShaka wagxuma,
Wabaleka nomkhont' ehlombe;
Ngezw' indaba kaMzilikazi
Abath' uzalw' uMashobana,
Oweqe namadla kaZulu,
Waqunga ngaw' amaNdebele,
Wambel' umuz' eBulawayo.
Nami ngafika ngaphumula,
Ngahlab' ikhefu ngazihlola,
Ngihlol' uhambo lonke lwami.

Ngihambe ngabon' amahlathi
Ehamb' enciph' ededelana,
Nezihlabath' ezigudlene,
Namanz' agobhozel' olwandle.
Ngikhangel' isibhakabhaka
Sicwebile phezu kwemithi,
Nezulu lihlomil' amafu,
Namanz' olwandl' aba nethunzi;

Ngawabon' edidiyela,
Elakanyan' egubhazela.
Ngabuka ngisamangele,
Ngabon' imvul' iw' amaconsi.

Ngibone lina yonk' indawo,
Kwavel' imiful' emincane;
Nayo yagobhoz' okwayo
Iyongena koyisemkhulu,
Ishanel' igceke nethafa,
Igez' amaqabung' emithi,
Ivungama njengempukane
Ithekelisana nezinye;
Inyonyoba njengamasela,
Inqamula phansi komhosha
Lapho kukhul' izintandela
Neminy' imikhasaphansi.

Ngiyibon' eminy' imifula
Idilika phezul' ishaya
Phans' emadwalen' omile,
Iphenduk' impophom' emhlophe
Engiyibuke kwehl' amanzi,
Ngawaphatha kant' unyembezi.
Ngakhumbula kude kwaZulu
Lapho kukhula khon' umdlebe
Ungalandelani namfula,
Uthunqa njengembiz' eziko
Abantwana beyilindile,
Imilom' isigcwel' amathe.

Ngiyayizw' impophom' ilanga
Liyinhlamvu lisaphuma;
Ngivuke ngisayilalele,
Loze loshona ibekile;
Umnyam' uzibekele izwe,
Ulikhungele ngobuthongo;
Laph' imvul' iconsa phansi,
Iswakamis' emhlabathini,
Ishona phans' emagadeni,
Iyophemb' eminy' imifula.
Ngiyayibona le mifula
Ingilandel' emcabangweni.

Anginakuyahlukanisa
Namahlath' amnyama
Engiwabona njalo emi
Eyiphasile le mifula,
Eyilolong' ukub' ihambe,
Eyiphefumulel' iphunga;
Laph' izimbali ziqhakaza,
Zimem' izinyosi zomhlaba,
Nezimvemvane zamaganga.
Ebusuku ngiyayibona
Ikhamisil' ibhek' izulu
Eliyifunza ngezinkanyezi.

Ngibon' emining' imifula.
Ngisayibuka yonk' imihle
Ngenxa yamanz' ay' acwebile
Alokh' enyelel' ezansi,

Enganqamuk' elokh' ehamba.
Ngike ngiyibuk' ebusuku,
Ngivuke ngiyibhek' emini,
Ngiyilunguze nangenyanga,
Ngiyinyonyobele nelanga.
Noma ngiya ngayiph' inkathi,
Ngiyificile le mifula
Ingangicifeli namehlo.

Noma ngicabanga ngamuphi
Wayo yonk' imifula yami,
Ngifikelwa njal' ukwethaba,
Ngizwele umqond' ugobhoza
Ungenakh' ukuphazanyiswa.
Sengathi kukhon' amazwe
Agcwel' imifula yobomi
Ahlumelel' enhliziyweni,
Ayayiphas' isimelele.
Ngilokhu ngizibuza njalo
Ngale miful' engiyizwayo,
Ngizizwa nginokudangala.
Ngibuyel' emuv' emfuleni
Wethongo likababamkhulu
Elingilandel' ebusuku,
Langinik' umkhonto wokulwa,
Lathi mangingadlali ngawo.
Yebo wena mfula wephupho,
Ngiwubekil' umkhonto wakho,
Ngalalela ngezw' isililo,
Ngalunguza ngabon' umkhaya

Obuqond' ukungibulala,
Ngawugebisel' eveni phansi,
Ngezw' amanz' ebhadl' egwinya.

Sengiyonamathela kuwe,
Mful' onamanz' ongiyise kude,
Ngazula nomhlaba ngadela,
Ngakhathala wangilalisa,
Wangibheka phezu kwezitha
Ofika uzikhukhulele
Phans' emigedeni yokufa.
Le mifula ngiyoyikhonza,
Ngiyoyivakasha ngonyawo,
Ngehlis' ukoma ngamanz' ayo,
Ngibhem' insangu yamanz' ayo,
Ngiguqe ngibon' amathongo.

17

UMamina

Woza Mamina,
Woza selul' izinyawo siye laphaya,
Laphaya la kulihlane khona,
Lapho kuvuk' imithombo yamanzi
Ematisa amadwal' aluhlaza
Abushelezi ngenxa yesilele.
Musa Mamina,
Phuma sengathi uyokh' amanzi,
Uthwal' igobongo wehlis' umfula.
Uyofika sengiphansi kwezidoni,
Zithelile sezithe yeyeye,
Zimnyama zijuz' umpe.

Woza Mamina,
Uth' uwedwa ub' umpilimpili.
Ezakh' izindlela zinakaziwe,
Zihlunyelwa yizimbali
Oqhamuka zikhothame ziwe,
Zigebis' amakhand' enhlabathini.

Ngime Mamina,
Ngibuk' utshan' eceleni?
Ngibuzwa bunkwela, kukhal' udwani,

Lukubingelela mntanenkosi,
Nemvunge ngizw' iwakazela nakude
Ngezibonakaliso nemibal' eminingi.

Woza Mamina,
Uyinkosikazi yenhliziyo yami wedwa,
Uwedwa ekujuleni komphefumulo
Wam' okungaziwa; unjengobhaqa
Olukhanya luxosh' umnyam' exhibeni;
Uwedwa njengomkhumb' untwel' olwandle.

Uphi Mamina?
Ngiyakucinga ngikuphuthaza,
Izandla zami zibamb' umoya nobala.
Unjengesiboshwa, ukinatelw' enhliziywenі
Yomphefumulo wam' ongathi nyiki.
Unyakaza ngikuzwe, uphefumule ngizwe.

Woza Mamina,
Ngiyawubon' umzimba wakh' usuluza
Njengohlanga ludlaliswa amanzi,
Nekhand' elincane elintamo
Njengembumbulu yemamba yehlathi
Ihub' emagatshen' ingabonwa.

Yebo, Mamina,
Laph' unyathela ngikubuka
Ungikhumbuza phansi kwaNongoma
Laph' izintombi zingazalwa,
Ziqhibuka phansi njengamakhowe.

Mamina Mamina,
Usuzinikela kimina ngempela.
Lokhu kuzinikela kwakho kimi yimfihlo,
Kwaziwa nguwe nami, ngikufanisa
Nobuhle bemiqumb' eqhuma
Kusihlwa yangiwe ngamathons' amazolo.

Qhabo Mamina,
Akumazolo nabusuku bodwa.
NoNomkhubulwan' ukuzwile
Ngephunga lamakh' elikulandelayo,
Wakwengula ngesiphuku sakhe,
Wakulandela wakulondela mina.

Woza Mamina,
Wangibuka ntomb' enzimakazi
Ngajiyelw' ukuba ngiyoshonaphi,
Kwaxeg' amadolo zaw' izikhali,
Ngangenwa ngumunyu okwesilokazana
Abasifihl' enhliziyweni bath' uthando.

Hhiya Mamina,
Ngizozula ngibuye ngithini
Ngoba ngivukwa yikhamb' okohlanya?
Ngihlanya ngihamba ngingenabhungane,
Ngihawula ihungulo lamangwe,
Ngidakwa yimunyamunyan' okwenyoni.

Manje ngishay' inkondlo,
Ngiyayilandelisa nomoya,

Ngiyifafaz' igcwal' ingime,
Yengam' ilanga liphuma,
Izinze njengamathunz' ehlathi
Aguquka eshalazel' ilanga,
Liwacinge lize liyoshona.

Mamo! Nami ngiyakucinga, Mamina,
Ucash' esikhotheni somlalane;
Umlalane ngumphefumulo wami;
Kant' uyazizulela phakathi
Ucosh' umsobo nembuya nowowoza.

Akunkondlo yamahawu namawisa;
Ngithi ngivumel' igekle lakho
Engilizwe likhala kwelikaShaka,
Ngezwa ngalalela ngasengazi,
Ngabon' izindebe zakh' ezimnyama
Zilimumeth' igekle likhala,
Lingikhumbuz' ombalane behlathi.
Kwanga ngabe lidlalwa yinhliziyo
Yon' equketh' imicabango nozwelo.
Usungenze ngabangaka ngothando,
Kwabangath' angiyen' okaZulu
Phakathi kwenkatha kaSobantu.

Unginik' umgqik' ebandla,
Ngazibuka ngiphakathi kwezimbongi,
Izinxeleha zingengelez' ekhanda,
Naphakathi kwamasok' angenakufa
Ezizukulwaneni zezizukulwane.

Ungenza ngilunywe ngamatekenya,
Ngibhedle njalo ngingahlali ngithule.
Ngivumele ngang' imiyeko
Engiyibon' idilik' ekhanda lakho,
Ekufihl' ubuso ngingabuboni,
Kuphela ngibone kukhanya izimbulunga
Zamehl' omthakathi kaNtandose.

Ungibuke ngakhophoza ngayintshalantshala,
Kwaphenduka min' intombi
    kanti ngiyinsizwa,
Ngayomem' impi kaSonkomose,
Yangihlomis' ihawu neziqhova zentshe,
Ngeza sengisephuzela ngagadla.
Ngikutshath' emhlane wezimbabala,
Ngikukhethel' ezizibhelumhlophe,
Ngath' emnqoka ngabek' unkonka.
Ngikuhlalisil' esihlibhini sengca,
Ngaseluka ngomhlanga uphicwe nembubu,
Ngakushiya nokhamba luqhilik' amasi,
Ngagqizis' izinyawo zakho ngovovo.

Izithelo zasendle ezakho nami.
Ngikuqhulule amaviyo neziphofu,
Ngakhamel' emlonyeni wakho uju
Lwamabhonsi namabhicongo,
Ngantwela nawe ngakugeza
Ezihlabathini zolwandle ingani
Ngibon' abanye begeza ngamanzi.
Uyangibuza

Mamina, ngothand' olungaka
Engakufunza
lona waluminy' okwamanzi?
Mamina, mntanenkosi, kangazi;
Kuphela ngisebenzis' izipho zamadlozi
Phezul' emoyeni, phans' emh-
labeni nasolwandle.

Ngizibonil' izinsizwa zikweshela,
Ziza zithwel' amehlo zimonyozela,
Ezinye zihamba lugugube zizidla,
Zigqokile phansi zaphuma phezulu.
Ngiqhamuke ngazinik' amathuba,
Ngabon' imizimba yaz' ihwaqabala
Njengomangob' ethuswa yinja.
Ithunzi lesikhwele langisinda,
Ngezwa ngomnyam' ungithi gumbeqe.
Keph' izinkanyezi zamehl' akho
Ziwuphebezil' umnyama kwasa,
Ngezw' igekle lakho likhala, ngasondela.

Yebo, Mamina, ngililandel' igekle
Liyilokhu lishilo phansi kwamathunzi
Okuswelela kwehlobo ngasemsingeni
Wezinhlangano zeziMfolozi kwaZulu.
Ulishaye kwahlakazek' okuthi kuyinsizwa.
Wangilandela ngezwa kuvum'
umabhengwane
Phezu kwesiduli ekubukela, ngama.
Nami ngayilalel' ingoma yakho,

Ngayibhanqa nekazavolo
Esengel' abantabakhe ngokuhlwa,
Nganconda ngesiqundu ngazibuza:
"Konje lolu thando lungimi naphakade?"

Vuk' umhlwenga phimbo lami,
Ungehlulwe yigekle lomhlanga.
UNkulunkul' ukunik' amalaka,
Nolimi nezindebe zokuphumesa
Iminjunju nemizindlo, nemicabango
Eqhuma emithonjeni yomphefumulo.
Uyokuthini kuyena mhla ufika
Phambi kwesigcawu sakhe namathongo,
Nxa wahlulekil' ukuwakh' umfanekiso
Wothando akubusise ngalo kwaMhlaba?
Dweba phans' okwaziyo nokuzwayo,
Ithongo lizokuhumushela ngosiba.

Yebo, Mamina, sengiyavuma.
Amathong' angethwes' umthwalo,
Ngiwuzwa ngiphapheme nakwaButhongo.
Ngithi ngizumekile ngixoxiswe ngawe,
Ngivuke ngokhel' ubhaqa ngiqoshame,
Ngiphenduke ngelul' isandla,
Ngikulolong' emagxalabeni.
Ngizw' ikhambi lingen' ekhanda,
Lingiphethul' ingqondo ngibamb' usiba,
Kanti sekuyilapho ngihay' inkondlo,
Ngiyizw' idilik' emafini nasemhlabathini,
Iqubuk' emzimbeni nasemkhathini womoya.

Manje ngiyabuza kuwe, Mamina,
Wen' engibon' ukuth' ungomunye
Wale mingcwi yamathongo
Engizulisa ngilele nala ngiphapheme.
Ngibuza ngisangene ngingazi:
"Kant' iZulu lamathongo liphi?"
Izinkanyezi nomfaba womkhathi
Ziyangigculisa okwesikhashana,
Ngidakwe ngivuke ngihambe.
Nezibankw' ezinamathel' odongeni
Zingikhumbuz' izithandani zizwana,
Kodwa nazo ziyaxabana.

Okwakho nami, wena Mamina,
Kwedlul' ingqondo, kuphith' abalozi
Becakaze phans' amathambo,
Begay' insulansula namangwe.
Uthi awungikhohlisi, Mamina!
Ngikubuza ngikugqolozele phakathi
Kwezinhlamvu zamehlo ngingaqwayizi:
"Uthi awuyen' omunye wamathongo?"
Mhlawumbe ulahlekile weduka,
Wath' ungena ngomnyango weZulu
Kant' uphambukela kwaMhlaba,
Uthuk' uwela phezu kwezingxabo zothando.

Wath' uwa ngakuxasa ngakwenyula,
Ngakumemel' emithonjeni yamanzi
Ivuzela phezu kwamadwala
Angulwe ngesilele sohlaza,

Ngakuphuzis' umpe lwezinyosi.
Sihlale phansi kwenhlalamagwababa,
Sayikha sesula ngobukhwebezane.
Ye! Sengishilo ngobukhwebezane!
Ubudlile walibala wakhohlwa,
Manj' akusenacala, usuyofika
Nami ungibeke phambi kwamathongo,
Uwanike le nkondlo yakho, Mamina.

Uz' uwafundel' amadlozi ngomhlaba,
Uwahumushele ngolimi lwakini,
Wen' owaz' ulimi lwethu sintu.
Uz' uwatshele ngezizib' eziluhlaza
Lapho mina nawe besiguqazela khona,
Walibala waze weqiwa uthando,
Ngakuhungel' esikhotheni somlalane.
Laph' ungishayel' amagekle,
Kwawakazel' iziwa zavul' amehlo,
Zababaza zivul' umlomo zingawuvali,
Zibon' inkanyez' iwel' emhlabeni.

Woza Mamina,
Uyinkanyezi yomphefumulo wami.
Uwedwa ezizibekelweni zemithambo
Edikizelisa inhliziyo yami.
Unjengomngqangu wamabuzi
Odabul' emlalaneni uqonde kude.

Yima Mamina,
Ngiyamthand' umalunkambu wakho.

Izintshod' ozigaxile ziyangihlanyisa,
Nezinwele laph' uzishay' impithi
Zijiyez' imvunulo yami ngiyifakile,
Ngizwe nginekhambi njengohlanya.

Woza Mamina,
Izingane zebele lakho zinozwelo.
Woza siyozicoshel' umsobo nowowoza.
Lokhu yikhona kudla kwamathongo,
Akuphathelwa malemba njengomboni.
Kwehle nawe wangifundis' ukukudla.

Woza Mamina,
Ngizwa ngifikelwa yisizungu.
Lo mhlab' angiwuzw' awunasiphephelo.
Ngidonse siye kwelakini, Mamina,
Siyoqhekeza le mfihlo yothando ngiyazi.
Mamina, ngiyazi njengamathongo.

18

NgoMbuyazi Endondakusuka

"Phambili maqhaw' amakhulu!
Neno Mantantashiya!
Sondela kimi mnewethu!
Khona ziGqoza zagqolozela!
Akusekude, kubudebuduze!"
Kwash' uMbuyazi weziGqoza
Epheth' unhlekwane wakhe,
Ekhomba phambil' othulini.

Luthuli lwabhek' ezulwini,
Ngacikic' amehlo ngibheka,
Ngabuka kwehl' izinyembezi.

"Phambili maqhaw' amakhulu!
Ngizwe Mantantashiya!
Isihlangu sami siyangisinda.
Sibhek' ingabe yiso ngempela.
Ngiyashoshozela ngoManembe
Onik' uCetshway' amazembe,
Kant' ubab' ungibekile,
Wangethwes' ubukhos' ekhanda."

Ngibukile futhi ngema,
Ngagem' esiyaluyalwini,
Kwamenyezel' umkhonto.

"Phambili maqhaw' amakhulu!
Ngizwa kufudumal' igazi,
Izigi zezitha ziza kimi.
Woza Mantantashiya,
Uzobhek' ihlombe lami,
Nami ngibhek' umhlane wakho.
Uyahlab' uguquk' ukhasa,
Nami ngivuk' uvuka nensizwa."

Kwathi klebhu, kwathi mbo,
Omunye wakhala ngenkomo yakhe,
Omunye wadliwa wagilwa.

"Phambili maqhaw' amakhulu!
Nant' uThukel' ezansi
Lugcwel' amagagasi
Angang' oninakhulu;
Lusiphul' izindwani,
Lukhukhula nezigodo.
Kodwa lungakhukhul' iziGqoza na?
Ngeke, Ndlov' enesihlonti, ngeke!"

Wezw' ushibedabe, sabanikwa,
Wezw' ubabaleka, phansi phansi.
Kwaqethuka izishaqaba nemishibe.

Ngaguquka ngabhek' inkundla,
Inkundla yonke yaseNdondakusuka,
Ngafikelwa yisiyezi nomnyama.
Ngawuqalaza wonk' umphakathi,
Ngawubon' ugway' ungayekethisi,
Kodwa phezulu kwezicoco zawo
Kuhlel' ifu lizonzobele,
Liqung' ubumnyama nokufa.
Ngalikhwifa ngilikhomba
Ngonhlekwane kababamkhulu,
Ngabona lithi damu, ngabonga.

Yebo, ngiyambon' uManembe,
Ngimbon' eguqe phezu kwesihlangu.
Leso sihlangu ngiyasikhumbula.
Ngake ngabona kucamele kuso
Itakas' elinjengebhoyi.
Nawe Manembe usihlomulile,
Wasithumb' ezintingweni zelawu,
Wasiloyel' uCetshwayo.
Uyiyengile yayengeka,
Wayidonsel' oPhathe
Lapho kundonda khon' amadoda.
Wazibalekel' izinkangala
Lapho kukhula khon' izinqawe.
Umdonsil' umntanenkos' oThukela,
Wamndondis' ukusuka,
Wamlutha ngamakhubal' amnyama.

Umlethil' emachibin' ezindlovu
Ezithath' abantabakaNanana
KaSelesel' owakh' endleleni,
Ebhidle ngabomu ngokwethemba,
Ethemb' ubungqamungqosho.
Umlethil' eziweni zaseDlokweni,
Kwacwila bheshu kwacwila sicoco,
Kwandiz' amanqe phezulu.

Ngaphakath' eNdondakusuka
Namhla kundiz' ufasimba
Olwelek' indawo ngenkungu
Eqithika phansi naphezulu
Kukhal' imicu yotshani.
Nezindwani zezimbali
Ebezithi ziqhakaz' ubuhle,
Ziyayetha ziphel' amandla.

Kuhelez' umoya phezulu
Uhashaza unginik' isizungu,
Ngibone nemith' ishayana ngamakhanda
Kuhebez' amaqabunga namagatsh' ayo.
Konke kuyafuna, kumangele,
Kuyanukan' okunye nokunye
Ngethambo likaMbuyazi.
Akekh' ovumayo, kuyaphika konke.

Nemithin' emanzini
Nezingweny' uqobo lwazo,

Ngiyile ngazibuza ngomlomo,
Zangibheluzela zakhamisa.
Ngakhuzwa nayizinhlansi,
Zangikhalel' ezimaconsi.
Ngabuya ngisong' izandla,
Ngaququd' amazinyo ngahlala.

Ngiqwashile phakathi kobusuku,
Ngalunguza ngezimbobo zomhlanga,
Ngabon' indingilizi kaNyezi.
Ngaphakathi kwayo ngabon' umfazi
Ethwel' inyanda yezinkuni.
Naye ngambuza, wanek' izandla,
Wangikhomba phambili kwaMthala.
Nakhona ngafika ngabon' oZinkanyezi.

Wangibuz' obukayo ngigcugca,
Wangibuz' isibind' esingaka,
Ngaphendula ngakweq' amehlo.
Wangiphulul' emhlane,
Ngezwa kumil' amaphuzuphuzu.
Ngelul' iminwe ngaphuthaza,
Ngezw' umqondo wam' uhlaziya,
Ngaqond' engingazange ngikwazi.
Ngezw' emahlomb' ami
Izimpundu zamaphiko zimilile.
Ngezwa ngisukwa ugqozi
Lokundizel' emoyen' emafini.
Kanjalo-ke ngafik' eNkanyezi,

Ngaphoth' intamb' ende
Eqond' ezulwin' emathongweni.
Ngapulukushela ngangena.

Kakudinganga nokubuza.
Kwahlangan' amehlo ngabheka phansi.
Nezinkanyezi zazaz' engize ngakho,
Zangiphendula ngamaconsi,
Amacons' ehlayo emehlweni.
Ngasondela ngakhongozela,
Kodw' izandla zami zagongobala,
Ngathint' okungathintwayo.

KwaMhlaba ngike ngikhongozele
Izinyembezi zabafelokazi,
Ngiphathe nezezintandane
Ezikhala zome ngathi zingafa.
Kodwa zonke ziwele kimina,
Ngazizwa zifudumele zishisa.
OkwakoNkanyezi kungiphithile,
Nanamuhla ngibamb' ongaphansi.

Ngafikelwa ukuthuthumela,
Ngaqalaza macalan' onke.
Ngezw' inhliziyo yam' ishaya,
Idikizel' ofwini lwesifuba,
Namaphaphu ami abhakuzela.
Ngaguquka ngathi ngiyafulathela,
Ngezwa ingalo ingiqhweba.
Ngaguquka ngabheka khona.

Isandla sami esikhoshobele
Ngasizwa sesinginqanda.
Ngezwa kunyakaza amaphiko
Emhlane wami nasemahlombe.
Ngehla ngaqonda phansi kwaMhlaba.
Nalapho ngehla ngezw' amaconsi
Engimanzis' emahlombe,
Kodwa kwalokhu ngibheke phansi njalo.

Ngathi qithi phezu kwendwa,
Ngacikic' amehlo ngabuka futhi.
Kwakungampondozankomo,
Amaphik' omnyam' ebaleka
Eshiy' umhlab' untwela
Ushukuma phansi kwezibilini
Zenhlabath' emakhaza.
Ngabona
Ngehlela phezu kwamazolo elele.

Ehlobo ngibon' amazolo elele,
Ebusika aguquk' abangungqoqwane.
Ngakhwel' intab' ephakeme
Esingwa ngamafu agcwel' imvula.
Nawo ngiwabon' eguquk' eba yiqhwa.
Lezi zinto kazingimangalisi namhla,
Ngob' isandla sami sikhoshobalile
Yizinyembezi zezinkanyezi,
Namaphik' ami avevezela.

Izizwe kanye noZulu wonke

Ziyamangala izimangaliso zomhlaba.
UZulu nezizwe zonke zimangele,
Kwamangala nezinkanyezi nomthala,
Kwababaz' amanz' oThukela eziweni,
Kwavuthuk' amazolo ehla ezulwini.
Kodwa nakanjalo ithambo lomntwana
Licashile. Ngiyolibuza ngimpayiza,
Ngizululeka emahlanzeni nasemadotsheni.
Ngimemeza ngazwi linye:
"Liph' ithambo lendlov' esihlonti?"

Pho, ngihamb' izulu nomhlaba,
Ngacinga phansi kwamanzi nomoya
Ngilokhu ngifune njalo ngikhala,
Ngibuza nezigodlo zamakhosi
Lapho kubusa khon' amathongo.
Pho, niphi we mathongo?
Nxa omunye wenu simfuna,
Size sikhathale singamboni,
Sifun' ithambo lakhe hhayi yena.
Sekuyobe kwanele, siyohlala
Phansi silibuke siligcin' emsamo,
Silisibekele ngezimbiza nezithebe.
Yilon' eliyosiholela kinina,
Sibon' oShak' esingabaziyo,
Sikhulume noMbopha noMantantashiya,
Sihay' ingoma yamaqhawe,
OMvundlane kaMenziwa noJeqe.
Lapho-ke siyothokoza singabuyi sithi:
"Liph' ithambo lendlov' esihlonti?"

19

Ezinkomponi

Dumani mishini yezinkomponi,
Nidume ngesokusa lize lishone.
Ngizovuka, musani ukungibelesela.
Dumani mishini ningalaleli
Ukugqquma kwezisebenz' ezimnyama,
Ziqaqanjelwa ngamanxeb' omzimba,
Nezithubula zomoya zifuthelene,
Insila yomjuluko inuk' emzimbeni,
Inqulu yenu niyithintitha kuthi do.

Memeza mfan' omdala kukude,
Kukude lapho wabunjwa khona,
Washisw' emlilweni, kwavuthwa
Wena kwasal' amalahle wathunyelwa,
Sakubon' uwel' amanz' olwandle.
Wathwalwa ngononjinjikazi bezwe,
Bakushushumbisa bakusa laph' eGoli.
Wakhala mhlathize kwaqhamuka,
Kuvela macal' onke izimbila.

Izimbila zabambala mnyama,
Zaswel' imisila, wazithatha
Wazigqum' emgodini wazisenga.

Guqukani masondo ezinsimbi,
Nalethelwa thina naboshezelwa
Kungekuthanda kwenu nokuzimisela.
Namhla niduma nilokhu nidonse njalo.
Abanye benu ngibabona begqwalile,
Sebalahlwa ngaphandl' emazaleni.

Lapho ngidlula ngendlela,
Ngiyaguquka ngibheke
Ngicabanga ngithi niyozalana,
Khathisimbe nande; kodwa qha.
Abanewenu nabo bayagqwala
Ngaphakathi ezinkomponi.
Amaphaphu abo aya ngokugqwala,
Bakhwehlele balale bafe.
Pho, nina anikhwehleli ngani?

Ngizwile kuthiwa emgodini
Kuy' izizwe ngezizwe zikaMnyama.
Yizo lez' ezivus' amagqum' amhlophe
Amangalis' amathong' amnyana.
Ngizwile kuthiwa kwakhala
Imishini kwavela mbib' emnyama,
Emqondweni wayo kuhlwile khuhle.
Yabanjwa yaphendulw' imvukuzane,
Yavukuz' umhlabathi ngabon' iGoli.

Yebo, zivukuzil' izimvukuzane
Kwavel' izindundum' ezimhlophe.
Zafukuzela phansi zakhwela,

Namhla zingangeSandlwana.
Ngizikhwela ngesul' isithukuthuku,
Ngithi ngiphezulu ngibon' izikhatha
Zentuthu emhlophe yothuli isuka
Phans' ezinyaweni zami, ngibheke,
Ngiyibon' ivimb' umhlaba wonke.

Dumani mishini yezinkomponi,
Dumani kakhulu nakakhulu.
Vimbezelani ngomsindo singezwakali
Nakuba sikhala sigquma njalo.
Amalungu emizimba yethu adliwa yini.
Gegethekani mishin' emidala,
Kuhle nisihleka sifuquleka.
Amandl' enu makhulu niyesabeka.
Ningenza ngokuthanda kwenu, siyavuma.

Sivumile ukuphum' eqhugwaneni,
Sazoluswa njengezinkabi;
Sashiy' amabele namasi nobisi,
Sazohlalel' uphuthu nephalishi.
Buphelile ubunumzane, singabafana.
Siyabona izwe lishay' ungqimphothwe.
Sivuswa ngesokusa sim' uhele.
Wake wakubonaph' ukungcwatshwa
Ubheke ngawo omabili, uzihambela?

Dumani mishini yezinkomponi.
Ngiyavuka kanginwabuzeli.
Ngizongena phansi komhlaba

Ngiyoshay' ijombolo phezu kwetshe.
Naw' ongaphandle ongangizwayo,
Uyobona ngakho ukuthi sengiyalishaya
Ijombolo lomLungu laph' ubona
Amagaliga nezingolovane ziphuma
Zigcwel' amatshe amhlophe naluhlaza.

Umfoweth' uyolithwal' ipiki,
Nehalavu alibek' ehlombe
Efak' amagqukel' ezinyaweni.
Nay' angen' angilandele,
Umhlab' usigwinye siyovukuza.
Uma ngifile khona ngaphansi
Kuyoba nani?
Ngingubani nje nempela?
Kwasa kusa, mntanomuntu,
Bayagingqika begenuka ngibuka.

Ngingene ngaphansi kwenhlabathi
Kungekho mibhoshongo ekhwele
Engiyibuka ngigebenyeke.
Ngathi ngiyagoduka nemithwalo
Ngashayw' amahlanga namanxiwa,
Ngenway' ikhanda ngisangene.
Ngabuz' umkami nabakhwekazi,
Bangitshel' umLung' engimsebenzelayo.
Ngathula ngawuhlab' inhlali.

Dumani mishini yezinkomponi.
Noma nikude kwaDukathole

Amazw' enu ahlabay' emphefumulweni;
Ayancencetha ezindlebeni zami,
Anjengensimbi yethus' izwakala kude;
Angikhumbuz' imibhoshong' emide
Nemicebo, nezicebi engizikhuphulile
Zenyukel' endlin' engenhla, zangishiya
Ngigxiz' amanzi njengengcuba yenkomo.

Khalani kancane mishini,
Um' umLung' engenagazi lomunyu,
Naw' usungenza njalo nsimbi!
Musan' ukuduma ezinkomponi.
Ake nilalel' esikushoyo nathi,
Ngoba funa singanithetheleli
Ngalowo muhl' engingawaziyo,
Mhlazane kuthiwa, zinsimbi,
Seniyizigqili zethu bant' abamnyana.

Yenzani kahle noma ngivathazela.
Kuzona lezi zingadlwana ngeny' imini
Kwake kwazululeka izijul' ezimbi,
Engazizwiba kwafiphal' umhlaba,
Kwanyakaz' umbuso weNdlovukazi,
Kwancipha abakaPewula, kodwa ngadliwa.
Ngiya ngiphupha njalo, mntanensimbi,
Ngiphuph' umhlaba wawokhokh' ubuyela
Ezandleni zamanxus' amnyama.

Namhl' anginandawo yokulala
Phansi kwethunzi lemicebo.

Umhlaba wawobab' ulele ze,
Uding' abokuwulima ngihlezi ngibuka.
Nom' inkece nginganayo yokuthenga
Ngibuyis' inhlabathi yawobabamkhulu,
Kodw' amalungelo kanginawo.
Bhekani mathong' aphezulu naphansi,
Ningengilamulele kule ngcindezi?

Phans' ezweni lawobabamkhulu,
Izwe lamathongo ngamathongo,
Kuthiwa ninamandl' angedlulwa.
Manikhuluma noNkulunkulu
Akabheki mbala wesikhumba.
Elam' igazi lophela phansi,
Lishe yilanga lijiy' ihlule.
Ngisebenze ngikhuleke kini,
Ngingatholi nampendul' encane.

Izwe lenu mini nayizolo,
Liyaphangwa yimikhulutshane;
Selicebis' izizwe ngezizwe.
Kodwa mina nabendlu yakwethu
Emnyama asinalutho lutho.
Siphuma phandle sibon' utshani
Buluhlaza njengamal' ezulu,
Siqalaze lapho simemeze,
Wo! kodw' anisiphenduli.

Dumani mishini yezinkomponi.
Izandla zami seziyaqaqamba,

Izinyawo zami sezivuvukele,
Ziyafutha, kanginazo nezithobo;
Izihlungu zabeLungu zibiz' inkece.
Dumani ningangibangeli msindo.
Lukhulu ngilwenzel' amakhos' amhlophe.
Umphefumulo wam' uyangisinda.

Dumani kancane kengilal' ubuthongo,
Ubuthongo bokucimez' amehlo,
Ngingacabangi ngelakusasa nokusa.
Ngish' ubuthongo bokulala ngivuke kude,
Kud' ezweni lamathongo nokozela;
Ubuthongo bokulala ngingavuki
Ngisingethwe yizingalo zawokhokho
Phans' emahlungwini ezulu.

20

Sengiyakholwa

Sengiyakholwa ukuthi sewafa,
Ngoba noma ilanga liwukhanyis' umhlaba
Ngibon' ekusen' izilwane ziklaba,
Ziziphunga ngamashob' anenhlali,
Emhloph' okwezinkomazi zakith' eMhlali,
Nokho sengike ngabona kuhlw' emini.

Sengiyakholwa ukuthi sewafa,
Kwangihlwel' emini ngoMandlakayise.
Ngabe ngiyathe ngincenga bangiyise,
Bangithela ngamanz' ezinyembezi,
Ngambon' elele bengakamembesi.
Ngalibon' iphupho liz' emini.

NangoNomasomi kwabanjalo.
Izinkanyezi zamehlo zacimeza,
Wabanda wehlulw' ukuzifudumeza.
Mina ngema ngaqhaqhazela izingalo
Ngilunguz' ubuso bakhe buhwelela,
Nobuhle benqaba bangifiphalela.
Ngingekholwe kanjan' ukuthi sewafa
Um' umgwaqo wakho uvulekile,
Ngibon' iminyaka yonk' ubhudulekile?

Wema kungathi wahamba umnyang' uvuliwe
Khon' abanye beyophuma seng-
athi badiniwe,
Kanti sebelandela wena bangabuyi.

Ababuyi, wena weqhawe laseMzwangedwa.
Bavalelisa ngime bangishiye ngedwa.
Abanye ngibabeke kwaGulukudela,
Lapho umnyama uthule ubagubudela;
Abanye ngibatshala eMhlathuzane,
Lapho befukanyelw' izikhukhukazana,
Ngoba ngizw' insimbi yengelos' incencetha,
Ibavus' ekuseni beyokhuleka baqenqetha.
Ngibabon' ilanga ezansi libomvu,
Ngababona lisemagqumen' ezibomvu.
Izibomvu ezansi noMhlathuzane
Ngizibonile zikhanya ziphikisana.
Ngalalela phansi komthomb' omkhulu
Lapho kulel' uFrans' ubabamkhulu,
Ngezw' izwi lithi: "Shayan' ingelosi
Ebusika nasehlobo ikhal' ingalingozi!"

Kanjalo sengidelil' ukuthi sewafa,
Ngoba ngibona kimi kuqothuk' ekhanda
Izinwele zobusha, izimvu zingikhanda,
Zinginik' ukuzotha nophawu lobudala
Engalubona kuwe uyimpung' usukhathala.
Emva kwalokho waya ngokuya ushabalala,
Nami ngaya ngikubona kancan' unyamalala.

Namuhla sengiyakholw' ukuthi sewafa,
Ngoba kwaButhongo ngiyakubona
Uza nenhliziy' enokuphola,
Ungiweza ngamasango namazibuko
Obuhlakani nezindlela zenkalipho;
Nodondolo lwakho ngiluzwa lugqula
Phambi kwamehl' ami ngingakuboni.
Nginjengempumputhe ngamehl' omzimba.
Yebo, manje ngiyakholwa sewafa,
Wanyamalal' ungunaphakade.

www.ingramcontent.com/pod-product-compliance
Lightning Source LLC
LaVergne TN
LVHW051010080826
845145LV00009B/2559

9781776140596